Anya Lothrop | CZT®

ZENDALAS

DER EINSTEIGERKURS

Für meinen Mann Mark,
der mich liebevoll in allem unterstützt,
was mir wichtig ist. Danke für alles.

Anya Lothrop | CZT®

ZENDALAS

DER EINSTEIGERKURS

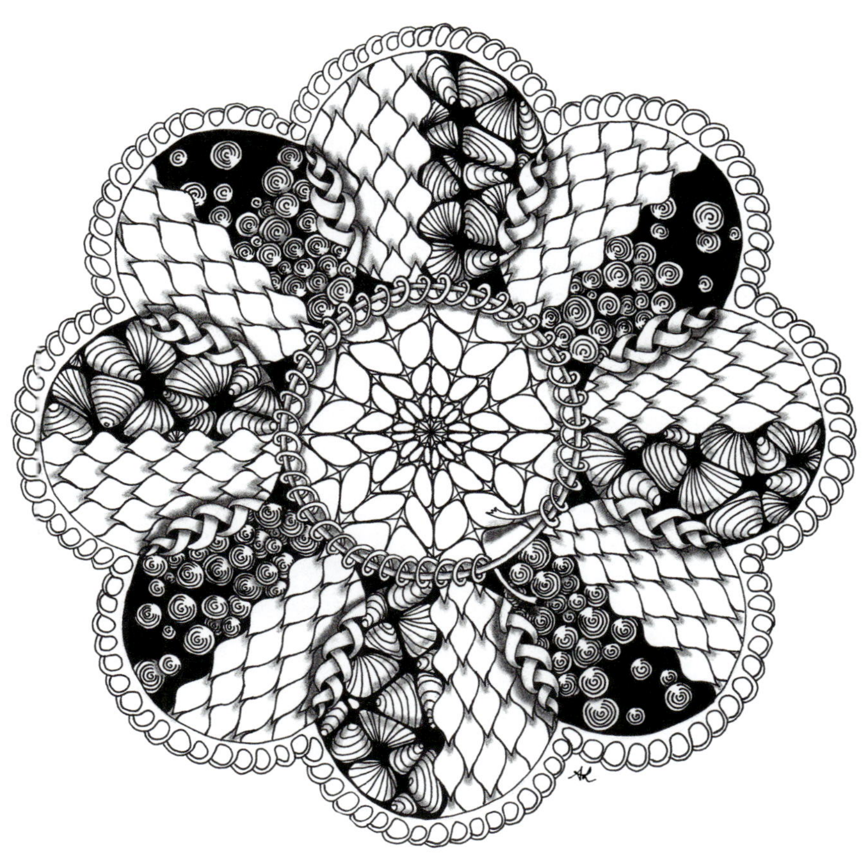

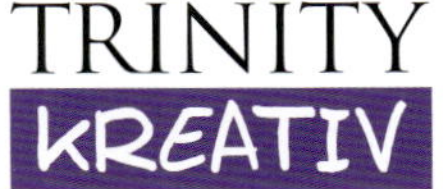

Inhaltsverzeichnis

Vorwort

Bezaubernde Muster, die jeder leicht nachmalen kann, entspanntes Zeichnen und eine lebendige Online-Community – all das macht den Reiz von Zentangle® aus. Seit ich diese Kunstform entdeckt habe, lässt sie mich nicht mehr los. Als zertifizierte Zentangle-Trainerin (CZT®) habe ich vielen Menschen das Tangeln nähergebracht und dabei immer auch von meinen Kursteilnehmerinnen gelernt. Dass ich meine Erfahrungen nun schon zum dritten Mal mit Ihnen teilen kann, macht mich sehr glücklich. Mit jedem Buch wächst mein Verständnis von Zentangle. Und ich finde Aspekte, die mir bisher noch verborgen geblieben waren.

In diesem Buch lade ich Sie ein, anmutige Zendalas kennenzulernen – eine Kombination aus Zentangle und Mandalas. Innerhalb der mittenzentrierten Grundform der Mandalas können sich die Tangle-Muster äußerst wirkungsvoll entfalten. Vorgegebene Ordnung und schöpferische Kraft bereichern sich gegenseitig, und die Ergebnisse sind oft überwältigend schön.

Nützliche Grundlagen und Materialtipps zu Zendalas finden Sie im ersten Teil des Buches. Teil II enthält Anleitungen für zehn ausgewählte Zendala-Vorlagen. Anschließend tauche ich mit Ihnen im Teil III ein in die Welt der farbigen Zendalas. Lassen Sie sich von den Techniken und Farbtafeln inspirieren, sich auch einmal auf diesem Gebiet auszuprobieren. In Teil IV habe ich dann eine Auswahl von Mustern zusammengestellt, die zu den Zendalas passen. Die abgebildeten Einzelschritte zeigen, wie diese kompliziert wirkenden Muster ganz einfach entstehen können.

Ich hoffe, dass ich Sie mit den Zendalas erfreuen und beflügeln kann. Wenn Sie mögen, finden Sie auf meinem Blog oder in meinem Onlineshop noch mehr zum Thema. Doch jetzt erst einmal: Viel Spaß beim Tangeln!

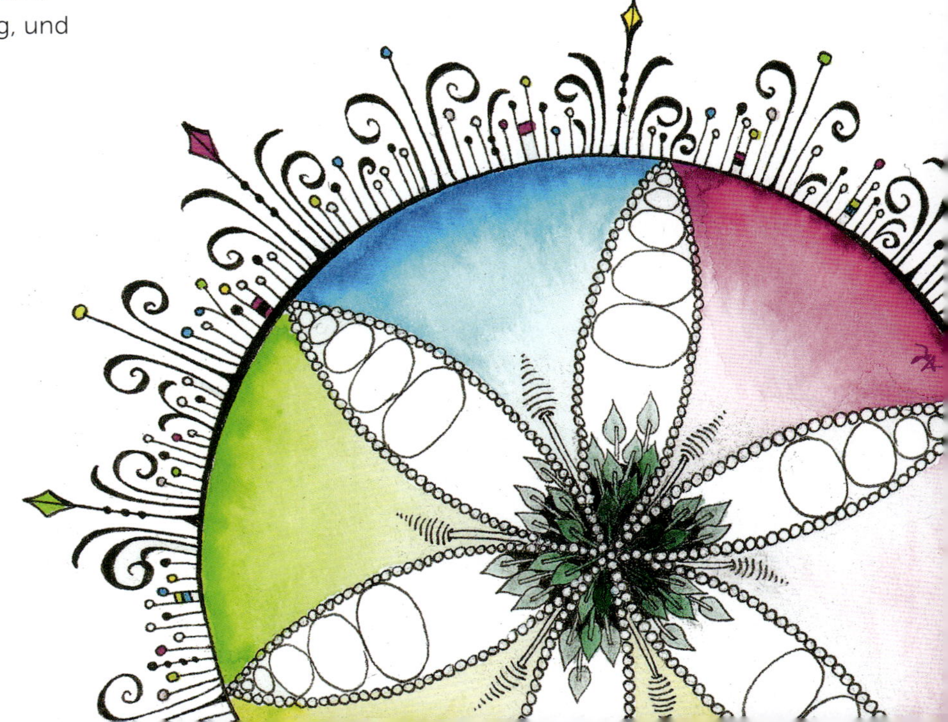

Teil I

Die Grundlagen

Was sind Mandalas?

Das Wort Mandala kommt aus dem Sanskrit und bedeutet so viel wie »Kreis«. Im Wortsinn steckt das Wesentliche: Wie ein Kreis hat jedes Mandala eine eindeutige Mitte, und es besteht aus Formen, die in Kreisen oder strahlenförmig um diese Mitte herum angeordnet sind.

Mandalaformen können Sie in der Natur überall entdecken: Blütenblätter, die symmetrisch um ein Körbchen herum gruppiert sind, die Jahresringe eines Baumstamms, Schneckenhäuser, Schneeflocken, ringförmige Wellen im Wasser ... nehmen Sie einmal bewusst wahr, wie viele Naturerscheinungen Strukturen rings um ein Zentrum zeigen, die sich regelmäßig wiederholen!

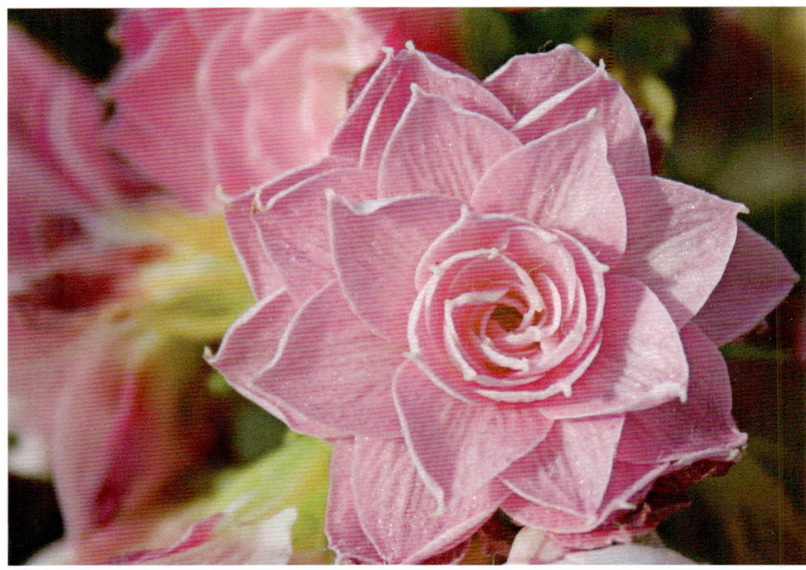

Blüte, deren Form mittig orientiert ist

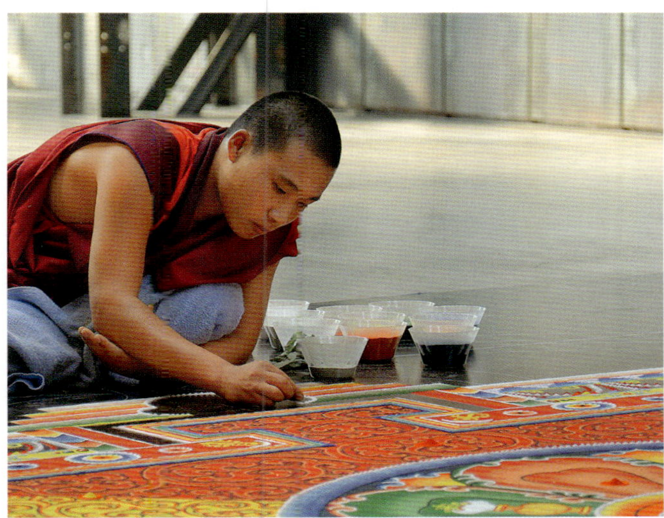

Spirituelles Schaubild: ein buddhistisches Sandmandala

Um eine Mitte herum werden traditionell auch die kreisförmigen, quadratischen oder dreieckigen Schaubilder gestaltet, die fernöstliche Kulturen als Gegenstand der Meditation benutzen. Vielleicht haben Sie schon einmal von Sandmandalas gehört: Das sind aufwendige Motive, die buddhistische Mönche stundenlang aus feinem Sand streuen, nur um sie kurz nach der Fertigstellung gleich wieder wegzufegen. Solche Mandalas sind religiöse Symbole. Sie verkörpern die Ordnung und den Kreislauf der Schöpfung rund um den Ursprung des Lebens.

Auch in der christlichen Kunst begegnet uns die symmetrische Form der Mandalas. Beispiele sind das Keltenkreuz, in dem Kreis und das Kreuz den gleichen Mittelpunkt teilen, oder die harmonischen Rosettenfenster der Gotik.

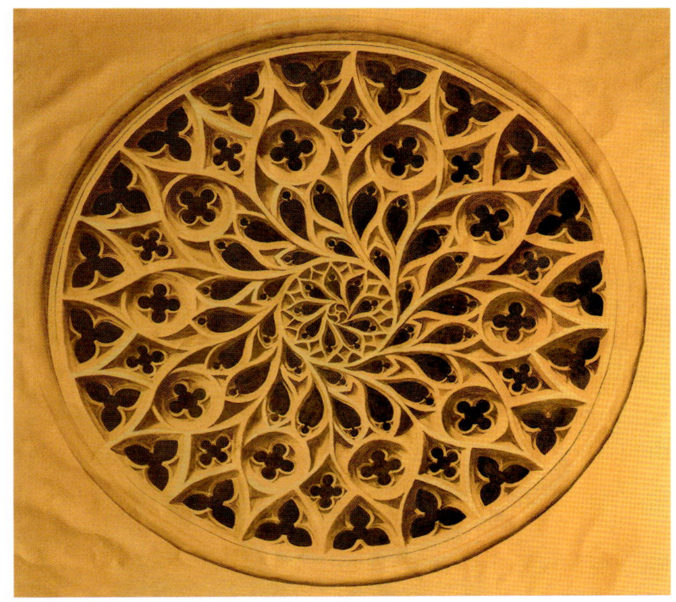

Rosettenfenster der gotischen Kirche Igreja da Graça in Santarém, Portugal, Acrylmalerei von Anya Lothrop

Mandalas sind von der Struktur her einfach und tragen dennoch etwas Umfassendes in sich. Wenn Sie die ausgewogene Mandalaform in Ruhe betrachten, wird das auch Ihnen Ruhe und Gelassenheit schenken. Wenn Sie ein Mandala innerhalb seiner vorgegebenen Grundordnung zeichnen oder kolorieren, wird Ihnen das Halt geben und Ihre Konzentration fördern. Gerade in unserem hektischen Alltag mit Terminen und immer umgeben von digitaler Technik erscheint die Beschäftigung mit Mandalas als kostbarer Spannungsausgleich – eine Rückkehr zu unserer inneren Mitte.

Was ist Zentangle?

Zentangle wurde in den USA von Rick Roberts und Maria Thomas als künstlerische meditative Zeichenmethode entwickelt. Der Begriff setzt sich aus zwei Worten zusammen: *Zen* beruht auf einem Sanskritwort, das frei übersetzt »Zustand meditativer Versenkung« bedeutet, während *Tangle* aus dem Englischen kommt und mit »Gewirr« übersetzt werden kann.
Ein Zentangle-Bild ist eine komplexe Zeichnung, die Linie für Linie entsteht. Einfache, meist abstrakte Muster werden spontan kombiniert, sodass sie in alle Richtungen wachsen können und sich immer wieder in ihrem Aussehen verändern.

Das Schöne und Entspannte an dieser Methode ist ihr spielerischer Ansatz. Aus vermeintlichen Fehlern beim Zeichnen entstehen oft die schönsten neuen Tangle-Muster.

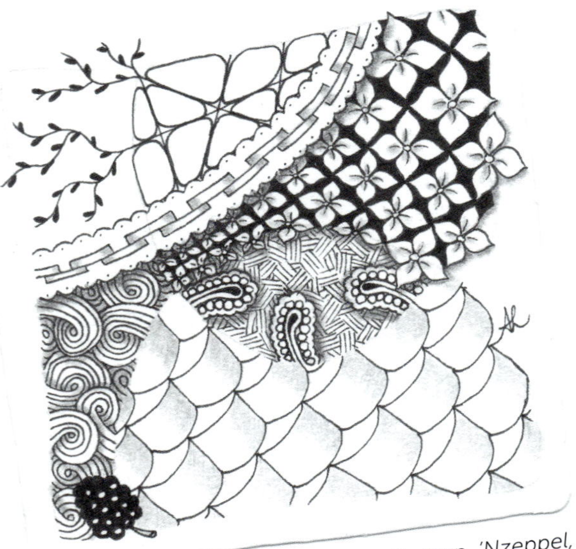

Muster: Bumble, Solla Sollew, Buttercup, 'Nzeppel, Shrub, Bronx Cheer, Sand Swirl, Paizel, Nekton

Das Tangeln bringt uns in Kontakt mit unserer kreativen rechten Gehirnhälfte. Wenn Sie achtsam einen Strich nach dem anderen setzen, wenn Sie sich nicht vom laufenden Fernseher oder anderen Störfaktoren ablenken lassen, erreichen Sie mitunter einen gelassenen, glücklichen Zustand, in dem Sie hundertprozentig im Hier und Jetzt verweilen.
Beim versunkenen Vor-sich-hin-Tangeln ist der Geist beschäftigt und der Körper kommt zur Ruhe. Tatsächlich lässt sich durch Zentangle ein Zustand erreichen, den viele Menschen durch Meditation jahrelang zu finden versuchen. In den USA – und immer mehr auch hierzulande – wird Zentangle sogar erfolgreich als Therapiemethode bei Angstzuständen, Depressionen, Hyperaktivität, zur Stressbehandlung oder bei Schlafstörungen eingesetzt.

Zentangle ist also doppelt wertvoll: als persönliche Auszeit – und als Chance, kleine Kunstwerke zu schaffen, die eine wahre Augenweide sind. Wenn Sie regelmäßig Zentangle-Muster zeichnen, wird Ihre Strichführung nach und nach sicherer, die Koordination von Hand und Auge verbessert sich. Selbst Menschen, die bisher von sich behauptet haben, kein zeichnerisches Talent zu besitzen, können mit Zentangle schnell zu hübschen Ergebnissen kommen. Die vorgegebenen Muster sind in einfache Schritte unterteilt, sodass das Nachzeichnen zum Kinderspiel wird.

AUF EINEN BLICK – DIE ZENTANGLE-GRUNDSÄTZE

1. Es gibt kein Oben und kein Unten.
2. Es gibt keine Fehler.
3. Alles ist möglich – ein Strich nach dem anderen.™

Muster im Kreis – Zendalas

In einem Zendala mischt sich die runde Urform des Mandalas mit der Zeichenmethode von Zentangle. Dieses Zusammenspiel leuchtet ein: Mandalas wie Zentangle-Bilder haben eine heilsame Wirkung, und beide Ansätze belohnen Sie mit den schönsten kreativen Werken.

Anders als bei herkömmlichen Mandalas werden die Felder eines Zendalas zunächst einmal nicht mit Farben, sondern mit Mustern gefüllt. Oft wiederholen sich die Muster um den Mittelpunkt herum. Für Sie heißt das ganz praktisch, dass Sie im Kreis tangeln. Versuchen Sie es zunächst mit Zendalas in Schwarz-Weiß, das entspricht der klassischen Zentangle-Methode, nämlich des entspannten Vor-sich-hin-Zeichnens. Man tangelt einfach losgelöster, wenn man keine Entscheidungen treffen muss, die bei Farben notwendig anfallen. Beispiele für Schwarz-Weiß-Motive, die ihren eigenen grafischen Reiz haben, zeige ich Ihnen ab Seite 24. Trotzdem sind Farben natürlich nicht verboten und können eine zusätzliche Bereicherung darstellen. Wie Sie farbige Zendalas besonders effektvoll zeichnen, zeige ich Ihnen ab Seite 46.

Wenn Sie schon öfter getangelt haben, werden Sie Unterschiede zum üblichen quadratischen Zentangle-Format feststellen. Zum einen wird der Faden bei den Zendalas oft symmetrisch angelegt. Zum anderen ist es hin und wieder sinnvoll, einzelne Muster an die Kreisform anzupassen. Durch die runde Form ergeben sich insgesamt besondere Herausforderungen und fantastische Möglichkeiten. Nur Mut, probieren Sie es aus!

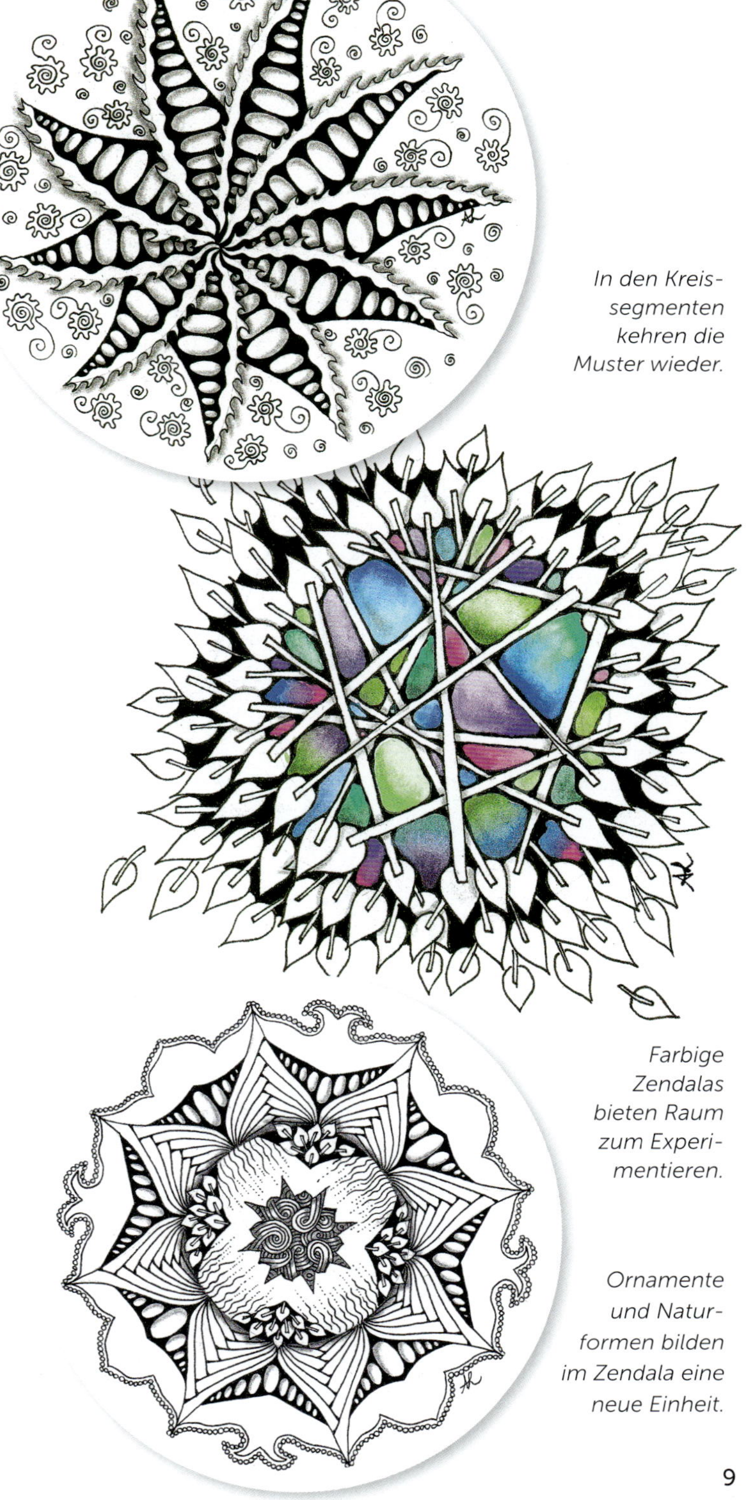

In den Kreissegmenten kehren die Muster wieder.

Farbige Zendalas bieten Raum zum Experimentieren.

Ornamente und Naturformen bilden im Zendala eine neue Einheit.

Materialien – Das brauchen Sie

Bevor Sie mit dem Zeichnen loslegen, benötigen Sie die geeignete Ausrüstung. Achten Sie unbedingt auf Qualität, denn gutes Werkzeug macht einfach mehr Spaß beim Arbeiten. Sie werden auch sehen, dass Sie auf diese Weise genauere und sorgfältigere Ergebnisse erzielen, weil Sie wie von selbst dem Material gerecht werden wollen. So bringen Sie sich und Ihrer Kunst mehr Wertschätzung entgegen.

Papier

- **Zendala-Kacheln** (A) sind die erste Wahl als Zeichengrund. Die Kacheln bestehen aus hochwertigem Papier mit einem Durchmesser von knapp 12 cm, haben eine leicht raue Oberfläche und wellige Kanten. Es gibt sie in Weiß, Schwarz oder Braun (letztere werden auch Renaissance-Kacheln genannt).
- Wenn Sie für Ihre schwarz-weißen Zendalas keine Kacheln bekommen können oder ein größeres Format gestalten wollen, verwenden Sie hochwertigen weißen **Zeichenkarton von mindestens 150 g/m²** (z. B. Bristolkarton) bzw. braunes oder schwarzes Tonpapier.
- Für farbige Zendalas empfehle ich möglichst glattes **Aquarellpapier** (z. B. Idee Studienaquarellblock), Bristolkarton oder anderes festes **Künstler-Zeichenpapier ab 180 g/m².**

Stifte und Farben

- Ein spitzer **Bleistift** (B) der Härte 2B zum Zeichnen des Zendala-Fadens und zum Schattieren ist unentbehrlich.
- Zum Tangeln in Schwarz-Weiß brauchen Sie einen hochwertigen, dokumentenechten **schwarzen Fineliner** (C) der Stärke 0,2 mm und zum Füllen der Flächen der Stärke 0,5 mm (z. B. Pigma® Micron® 01 und Pigma® Micron® 08 von Sakura®). Auf hellbraunem Papier verwenden Sie einen **braunen Fineliner** (C).
- Für das Tangeln auf schwarzen oder wahlweise auch braunen Kacheln benötigen Sie einen möglichst dünnen **weißen Gelstift** (D) (z. B. den Hybrid® Gel Grip von Pentel® oder den Gelly Roll® von Sakura).
- Mit einem **weißen Pastell- oder Aquarellstift** (E) setzen Sie Highlights in die Muster auf schwarzen oder braunen Kacheln. Nehmen Sie einen **braunen Pastell- oder Aquarellstift** (E), um auf braunem Untergrund zu schattieren. Er sollte sich gut verwischen lassen und zu dem Braun des Untergrundes passen.
- Zum farbigen Tangeln benötigen Sie **farbige Fineliner** (F), am besten wasserfest, in der Stärke 0,2 mm und zum Flächenfüllen in 0,5 mm (z. B. von Sakura). Wenn Sie nicht genügend Farben parat haben, können Sie notfalls auch auf **farbige Gelstifte** zurückgreifen (H). Allerdings besitzen diese oft eine ziemlich dicke Spitze und es fällt schwerer, feine Muster zu zeichnen.

FARBVERLÄUFE MALEN SIE AM BESTEN MIT:

- **Pinsel-Filzstiften** (G) (z. B. Tombow ABT Dual Brush Pens auf Wasserbasis oder Koi Watercolor Brush Pens von Sakura)
- **Gelstiften** (H) (z. B. Gelly Roll® von Sakura, Achtung: nicht alle Modelle sind mit Wasser vermalbar, daher unbedingt vorher testen!)
- hochwertigen **Buntstiften** (I) (z. B. Polychromos von Faber-Castell) in drei ähnlichen Farben, dazu ein weißer Aquarellstift oder farbloser Buntstift (Blenderstift) zum Vermischen, alternativ funktioniert das auch mit Babyöl
- **Aquarellfarben** (K) aus der Tube oder aus dem Kasten

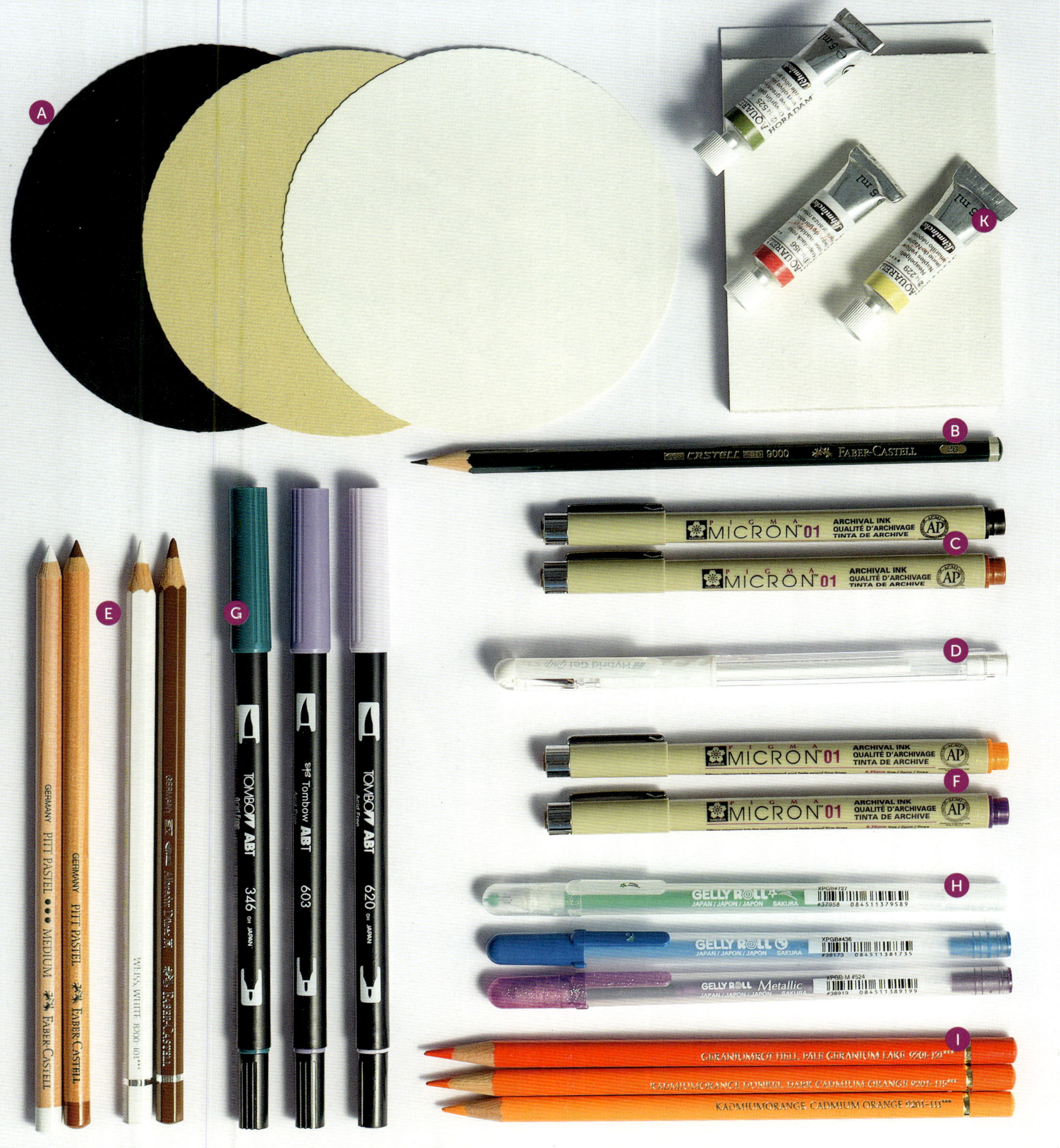

A
K
B
CASTELL 9000
FABER-CASTELL
C
MICRON 01
ARCHIVAL INK
QUALITÉ D'ARCHIVAGE
TINTA DE ARCHIVE
MICRON 01
ARCHIVAL INK
QUALITÉ D'ARCHIVAGE
TINTA DE ARCHIVE
E
G
D
Hybrid Gel Grip
MICRON 01
ARCHIVAL INK
QUALITÉ D'ARCHIVAGE
TINTA DE ARCHIVE
F
MICRON 01
ARCHIVAL INK
QUALITÉ D'ARCHIVAGE
TINTA DE ARCHIVE
GERMANY PITT PASTEL MEDIUM FABER-CASTELL
GERMANY PITT PASTEL FABER-CASTELL
TOMBOW ABT 346
Tombow ABT 603
TOMBOW ABT 620
H
GELLY ROLL
GELLY ROLL
GELLY ROLL Metallic
I
GERANIUMROT HELL PALE GERANIUM LAKE 9201-121
KADMIUMORANGE DUNKEL DARK CADMIUM ORANGE 9201-115
KADMIUMORANGE CADMIUM ORANGE 9201-111

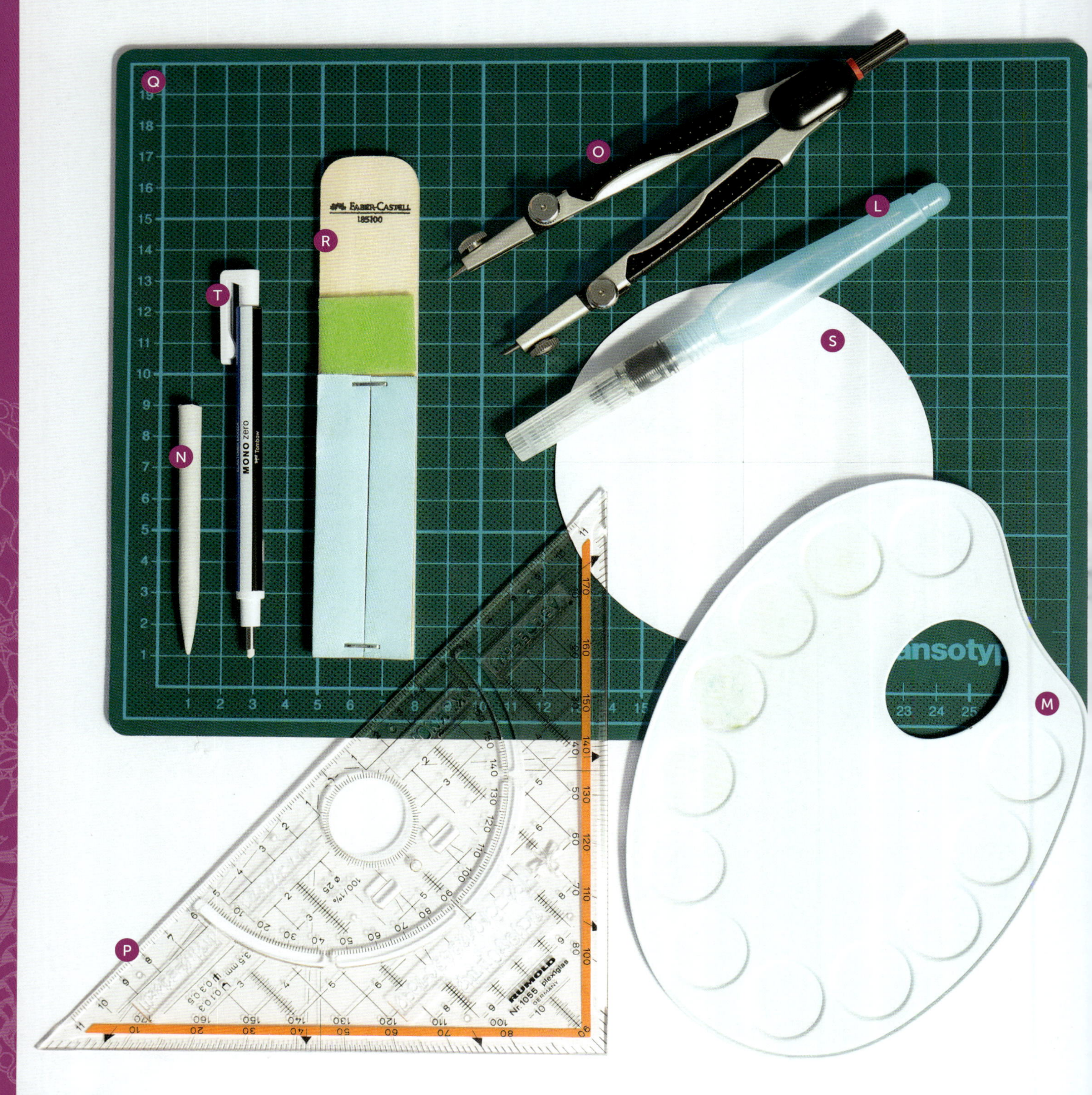
Q
O
L
R
FABER-CASTELL
185100
T
MONO zero
Tombow
S
N
M
P
RUMOLD
Nr. 1055 plexiglas
GERMANY

Weitere nützliche Dinge

- Ein **Pinsel mit Wassertank** (L) (z. B. Aquash von Pentel®) ist punktgenau und praktisch für unterwegs. Durch leichten Druck auf den Schaft lässt sich das Wasser aus seinem Tank direkt in die Pinselborsten leiten.
- Auf einer **Mischpalette** (M) aus Kunststoff oder Metall können Sie sich die Farben nach Wunsch anmischen, bevor Sie sie auftragen. Den gleichen Zweck erfüllt eine alte CD oder ein Stück stabile Kunststofffolie.
- Der **Papierwischer** (N), eine fest zusammengedrehte, steife Papierrolle, dient zum Verwischen von Bleistift-, Buntstift- und Pastellstiftschraffuren. Um Farben extra gleichmäßig zu verwischen, tauchen Sie den sauberen (!) Papierwischer vor Gebrauch in etwas **Babyöl** oder **Terpentinersatz**.
- Einen hochwertigen **Zirkel** (O) und ein **Geodreieck** (P) brauchen Sie für die symmetrische Aufteilung Ihrer Zendalas. Praktisch ist auch eine **Schneidematte** (Q) oder eine andere feste Unterlage, damit die Zirkelspitze keine Löcher in Ihren Tisch bohrt.
- Ein **Minenschärfblock** (R), wie man ihn in Hobbyläden bekommt, richtet stumpf gewordene oder verschmutzte Papierwischer wieder her und hält die Bleistiftspitze Ihres Zirkels spitz.
- Eine **Mittenschablone** (S) unterstützt Sie dabei, den Mittelpunkt auf der runden Zendala-Kachel festzulegen. Auf Seite 20 zeige ich Ihnen, wie Sie diesen nützlichen Helfer selbst basteln können.
- Wenn Sie einmal radieren müssen, nehmen Sie einen **Präzisionsradierer** (T) (z. B. Mono zero von Tombow).

BEZUGSQUELLEN

GRUNDAUSSTATTUNG FÜR ZENTANGLE, ZENDALA-KACHELN UND STIFTE:

www.zentangle.de
http://shop.tangle-hamburg.de/
www.freudemitzentangle.de
http://de.dawanda.com/shop/zentanglematerial
www.zenjoy.ch/shop/
www.kunstpark-shop.de/zentangle/

KÜNSTLERBEDARF ALLGEMEIN:

www.gerstaecker.de
www.boesner.com
www.modulor.de
www.karins-laedsche.de (Schablone)

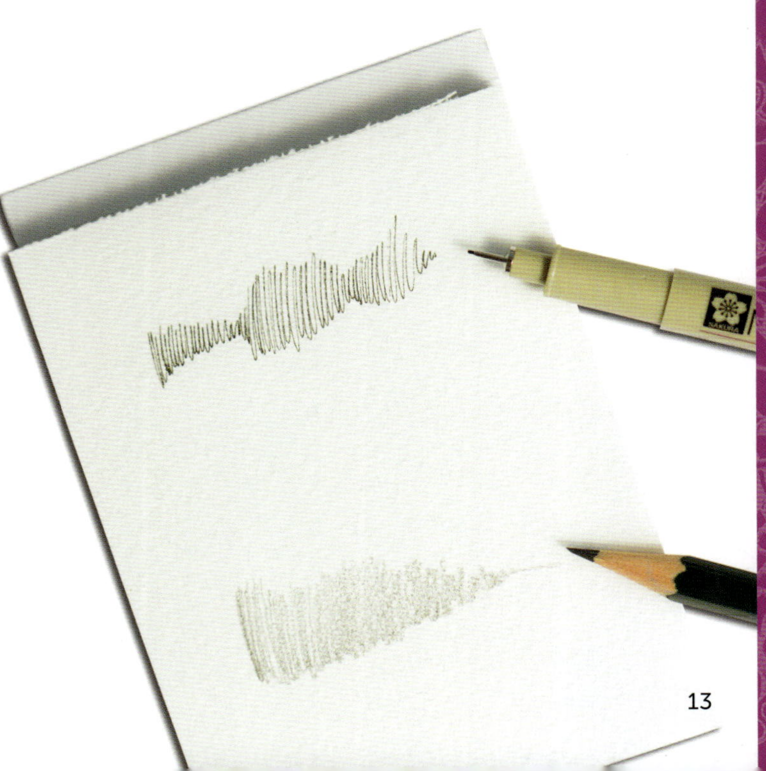

Zendalas zeichnen – So gehen Sie vor

Zendalas – das sind Zentangle-Muster in runder Form. Die verschlungenen und oft dreidimensional wirkenden Zeichnungen muten so kompliziert an, dass man zunächst großes Talent und ein hohes Maß an Kunstfertigkeit hinter den Bildern vermutet. Dabei ist Tangeln ganz leicht, weil die komplexen Muster in vielen kleinen einfachen Teilschritten entstehen. Im Folgenden stelle ich Ihnen diese Technik Schritt für Schritt vor. Anschließend gehe ich näher auf zwei Zeichenschritte ein, die besonders wichtig für das Gelingen eines Zendalas sind: wie Sie die Gliederung des Ganzen, den Faden, entwerfen und wie Sie die Muster elegant in einer Rundform umsetzen.

Zentangle-Schritte zum Zendala

1. Nehmen Sie sich Zeit zur **Einstimmung**. Atmen Sie tief durch und freuen Sie sich, dass Sie sich etwas Gutes zu tun. Wichtig ist, dass Sie ein ruhiges Plätzchen zum Zeichnen haben. Legen Sie das Smartphone beiseite und lassen Sie sich auch nicht von anderen Dingen ablenken.

2. Unterteilen Sie Ihre runde Zeichenfläche mit nicht allzu fest aufgetragenen Bleistiftlinien. Diese Linien heißen **Faden** (oder englisch: String) und sind die Basis für Ihr fertiges Zendala (siehe dazu Seite 15 bis 22).

3. Suchen Sie sich ein Feld aus, das durch die Faden-Einteilung entstanden ist, und füllen Sie es mit einem **Zentangle-Muster** Ihrer Wahl. Bestücken Sie nach und nach weitere Felder mit Mustern, die Ihnen passend erscheinen, bis alle Flächen gefüllt sind. Einzelne Bereiche können auch weiß stehen bleiben.

4. **Schattieren** Sie Ihre Muster: Dadurch wirken die Tangles schön räumlich. Auf dunklen Kacheln können Sie mit dem weißen Pastellstift zusätzlich Highlights hinzufügen. Die einzelnen Muster, die ich auf den Seiten 65 bis 91 vorstelle, zeigen meist im letzten Schritt ein Schattierungsbeispiel.

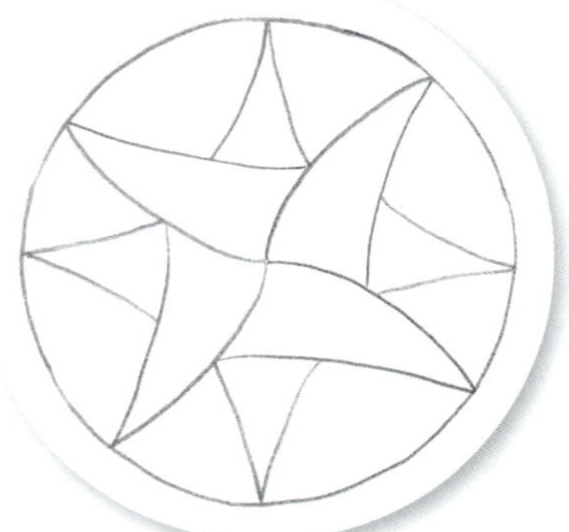

Kachel mit dem Faden unterteilen

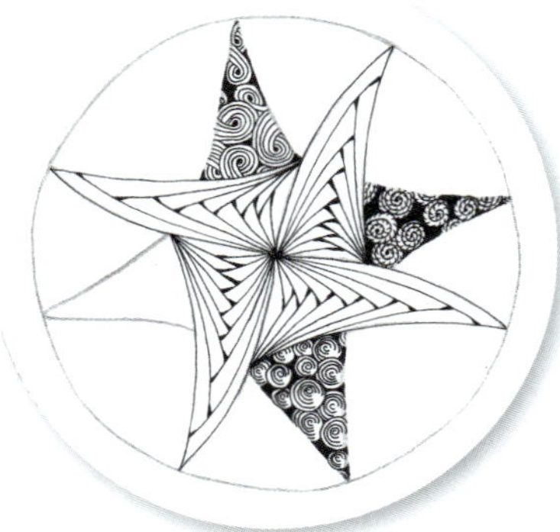

Tangle-Muster einzeichnen

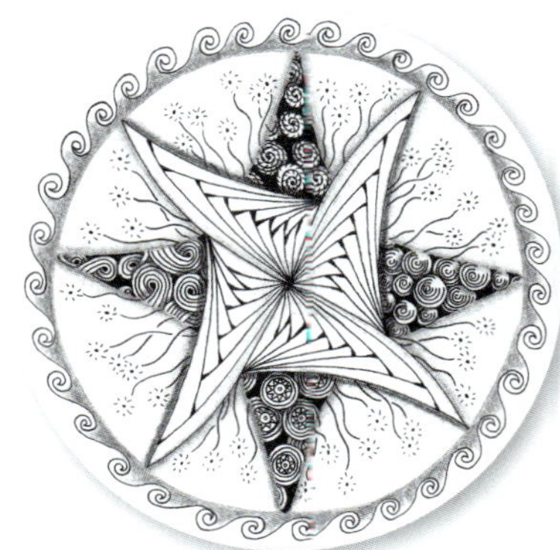

Tangles schattieren

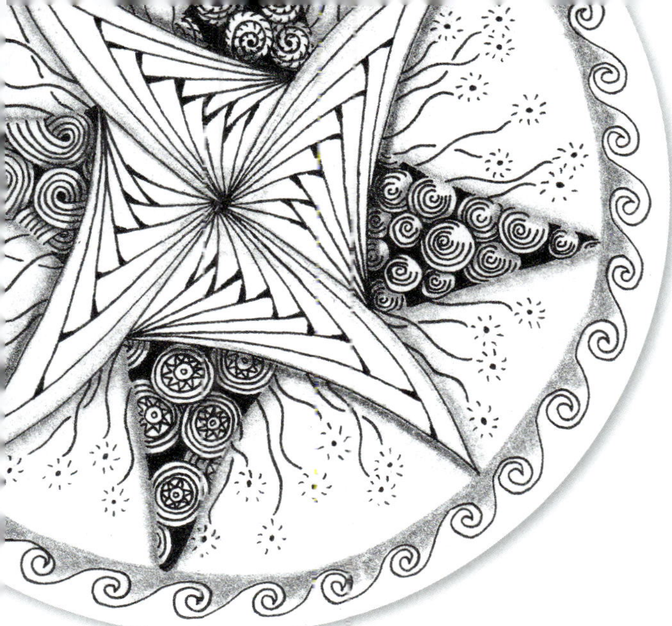

Der Faden im Zendala

Mit dem Faden komponieren Sie Ihr Zendala. Er ist der sprichwörtliche rote Faden, der sich durch Ihr Bild zieht. In der Regel ist es hilfreich, den Faden recht hell zu zeichnen. So können Sie ein Muster beim Tangeln einmal in die nächste Fläche wachsen lassen oder zwei Flächen zu einer kombinieren. Umgekehrt kann es auch interessant aussehen, einige Fadenlinien besonders hervorzuheben. Ob Sie Ihrem Zendala zusätzlich einen Rahmen geben möchten oder nicht, entscheiden Sie selbst.

5. **Signieren** Sie Ihr Zendala auf der Vorderseite mit Ihren Initialen oder einem persönlichen Kürzel. Auf der Rückseite der Kachel finden Ihr voller Name und das Datum Platz. Gönnen Sie es sich als Ausklang, Ihr Zendala aus einiger Entfernung zu bewundern – das haben Sie geschaffen!

RICHTIG SCHATTIEREN

Halten Sie zum Schattieren Ihren Bleistift so flach wie möglich, damit die einzelnen Striche nicht auffallen. Schraffieren Sie grob die Stelle, die dunkler werden soll. Mit dem Papierwischer können Sie nun die Bleistiftstriche gleichmäßig verwischen. Wenn Sie am Rand Ihrer Bleistiftmarkierungen angekommen sind, wischen Sie mit kreisenden Bewegungen vorsichtig in den weißen Bereich hinein, um einen weichen Übergang zu schaffen.

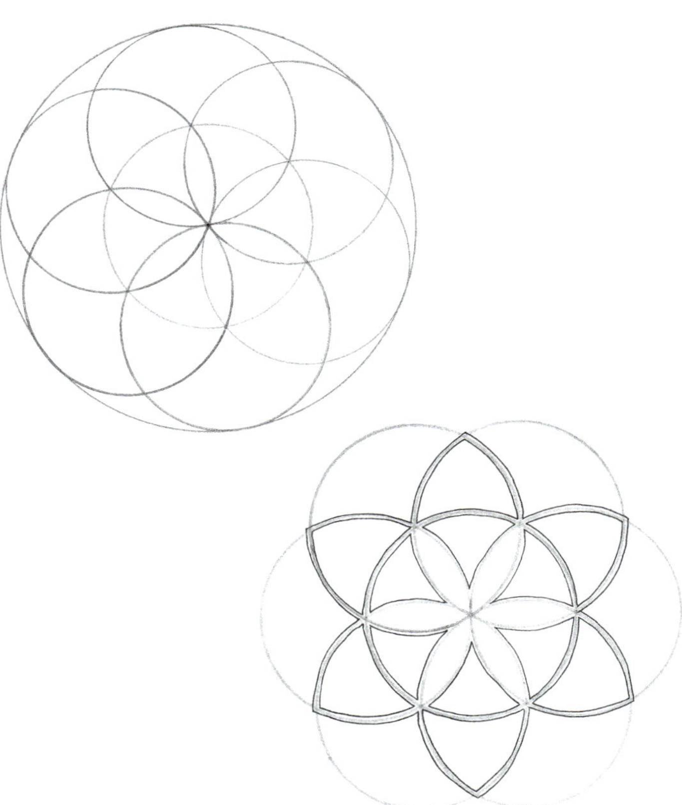

Das Zendala bekommt eine ganz andere Anmutung, wenn Sie die inneren Linien des Fadens betonen.

Der Freihand-Faden

Die einfachste Lösung, einen Faden zu zeichnen, ist sicherlich der Freihand-Faden. (Diese Art des Fadens kommt dem traditionellen Verständnis von Zentangle am nächsten.) Er kann ungleichmäßig und schwungvoll gezogen sein wie bei einer klassischen quadratischen Zentangle-Kachel. Oder Sie teilen Ihre Fläche annähernd symmetrisch auf. Wenn Sie dabei nicht genau die Mitte treffen und die Felder im Verhältnis zu den (gedachten) Mittelachsen des Kreises nicht symmetrisch sind, stört das nicht weiter. Im Gegenteil: Kleine Unebenheiten machen den Reiz dieser Bilder aus.

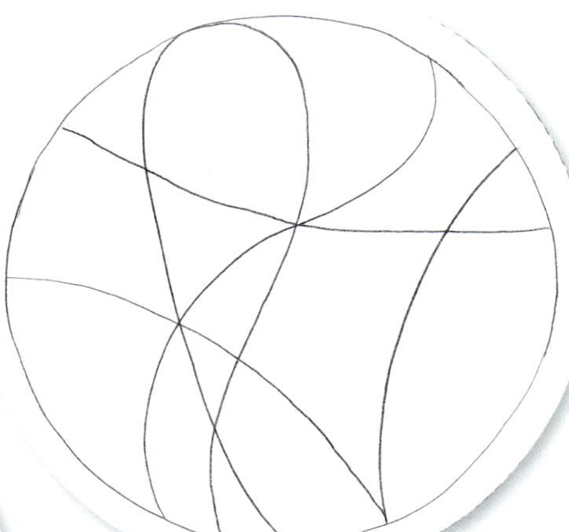

Ein Rahmen kann den Faden nach außen hin begrenzen. Wie Sie den Mittelpunkt der Kachel finden, von dem aus sich der Rahmen mit dem Zirkel zeichnen lässt, zeige ich Ihnen auf Seite 20.

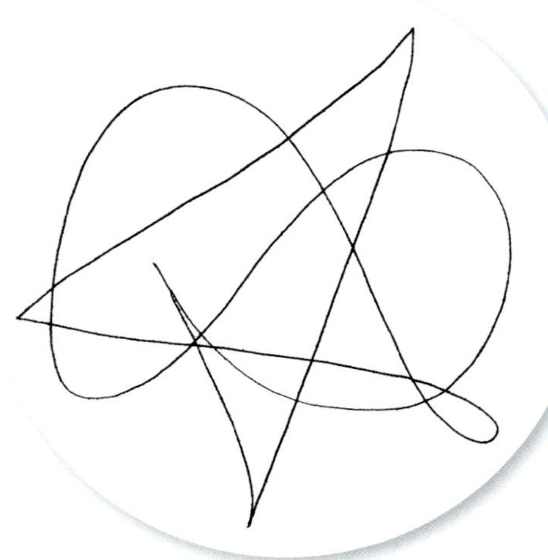

Ein Freihand-Faden darf unregelmäßig und lebendig sein.

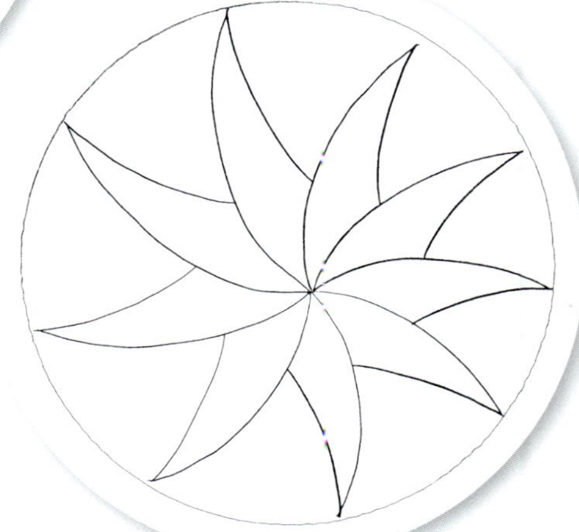

Dieser Faden ist nicht wirklich symmetrisch, aber eine wunderbare Aufteilung für ein Zendala.

Kein Faden

Wenn Sie mutig sind, können Sie den Faden auch einmal ganz weglassen. Eine Möglichkeit ist dann, dass Sie einen kleinen Kringel in die Mitte der Kachel setzen und Ihre Muster von dort aus im Kreis nach außen wachsen lassen. Denken Sie sich ruhig eigene grafische Elemente aus, die zu der Entfaltung aus der Mitte passen.

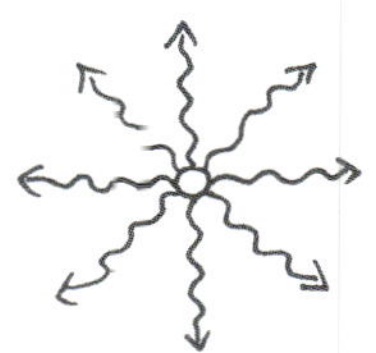

Von einem Kringel aus wachsen erste Strahlen nach außen.

Umrandungen, Perlen und Muster kommen dazu – aus der Mitte entsteht ein Zendala.

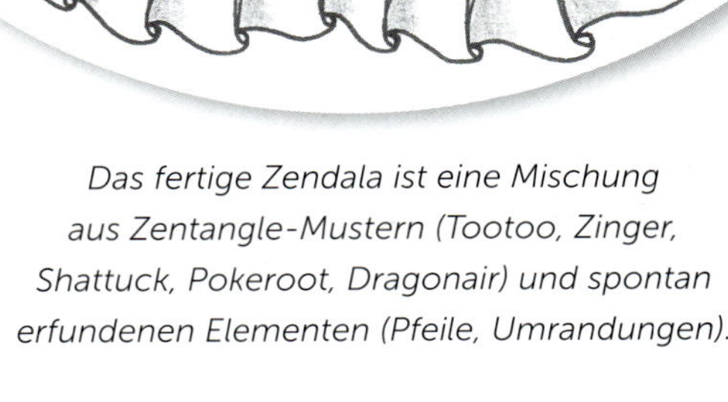

Das fertige Zendala ist eine Mischung aus Zentangle-Mustern (Tootoo, Zinger, Shattuck, Pokeroot, Dragonair) und spontan erfundenen Elementen (Pfeile, Umrandungen).

Der Faden mit Schablone

Schablonen sind praktisch, um eine Kreisform exakt und symmetrisch aufzuteilen. So lässt sich spielend leicht eine hübsche Vorlage auf das Papier zaubern. Wer gern schnell zum Ziel kommt, nimmt **fertige Schablonen**. Im Handel gibt es sie zum Beispiel zum Zeichnen von Mandalas. Achten Sie bei Mandala-Schablonen auf große Aussparungen: Wenn die einzelnen Felder zu klein sind, finden die Tangle-Muster darin keinen Platz oder wirken gequetscht. In Spielzeugläden oder einem Onlineshop (siehe Bezugsquellen Seite 13) werden Sie sicher fündig.

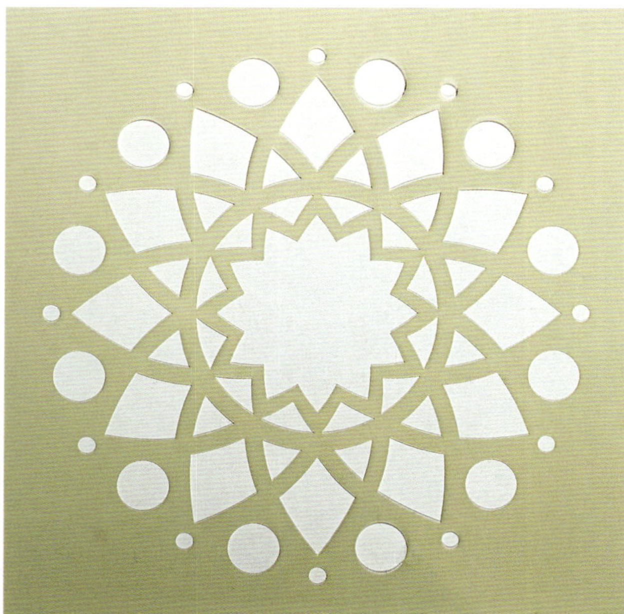

Eine für Zendalas geeignete Mandala-Schablone

Praktisch ist es auch, einen handelsüblichen **Apfelschneider** als Vorlage zu verwenden. Legen Sie den Apfelschneider einfach auf Ihre Zendala-Kachel und zeichnen Sie an den Schneidegeraden entlang. Schon haben Sie einen Kreis in der Mitte, von dem – je nach Modell – acht bis zwölf Strahlen ausgehen. Diese können Sie nun nach Belieben noch weiter unterteilen.

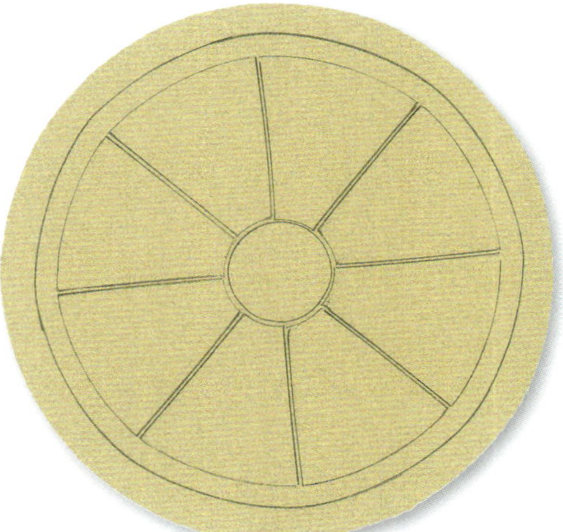

Ein Apfelschneider-Faden ...

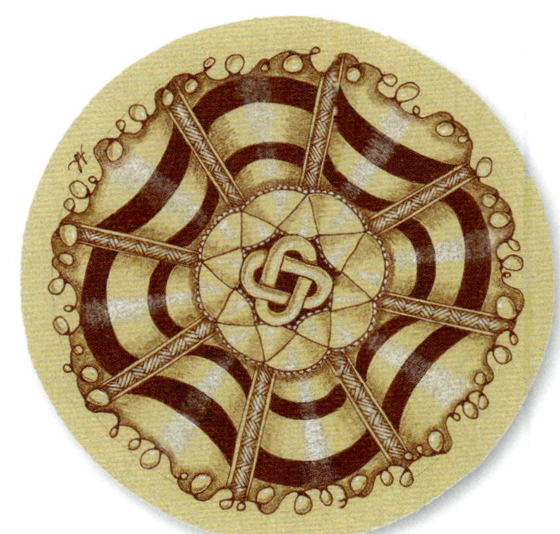

... und das fertige Zendala

Sie wollen keine fertige Schablone? Dann wird Sie die nächste Möglichkeit begeistern: Erinnern Sie sich noch an die **Schneesterne aus Papier**, die Sie als Kind gebastelt haben? Solche Gebilde können Sie wunderbar als Schablone für Ihr Zendala verwenden, indem Sie die Formen der Schneeflocke mit Bleistift auf Ihr Zeichenpapier übertragen. Danach verbinden Sie ringsherum einige dieser Formen miteinander – immer an den gleichen Stellen. So entstehen größere Felder, in die Sie mit dem Fineliner Ihre Zentangle-Muster zeichnen können. Dieselbe Schablone ergibt einen ganz neuen Faden, wenn Sie die Formen beim nächsten Mal anders verbinden!

SO BASTELN SIE EINEN SCHNEESTERN

1. Schneiden Sie aus einem Blatt Papier einen Kreis in der gewünschten Größe aus.
2. Falten Sie den Kreis mehrmals in der Mitte zusammen, bis eine Form entsteht, die aussieht wie ein Tortenstück.
3. Schneiden Sie an allen drei Kanten größere Stücke heraus.
4. Falten Sie den Schneestern vorsichtig wieder auseinander und bügeln Sie ihn kurz unter einem Geschirrtuch glatt.

Tipp: Wenn einige Aussparungen in dem Schneestern zu klein geraten sind, können Sie diese Felder in Ihrem Zendala weiß stehen lassen und ringsherum tangeln.

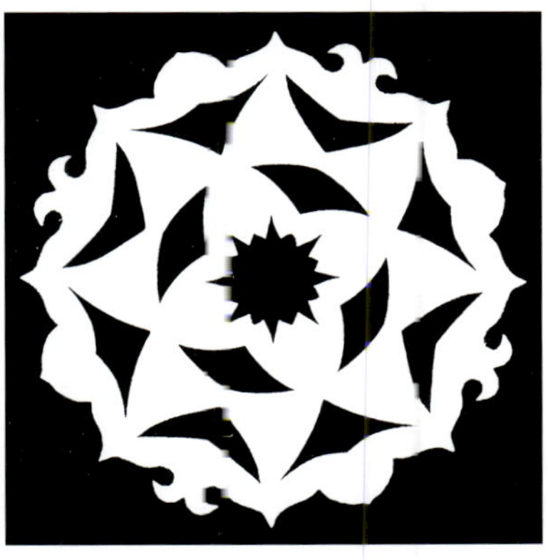

Ein Schneestern ist eine vielseitige Schablone für den Faden.

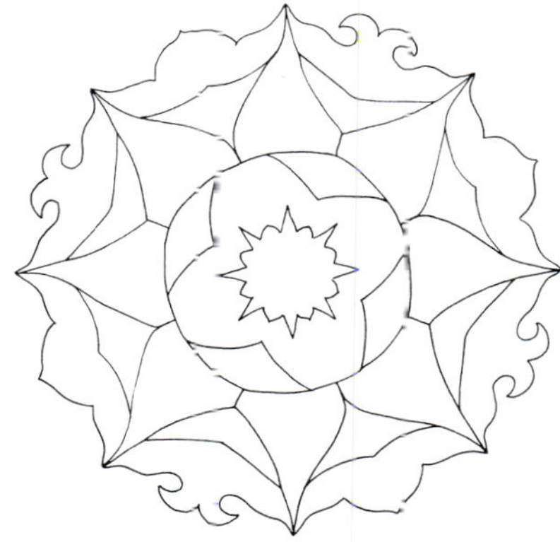

Durch Verbinden der Formen erhalten Sie einzelne Felder.

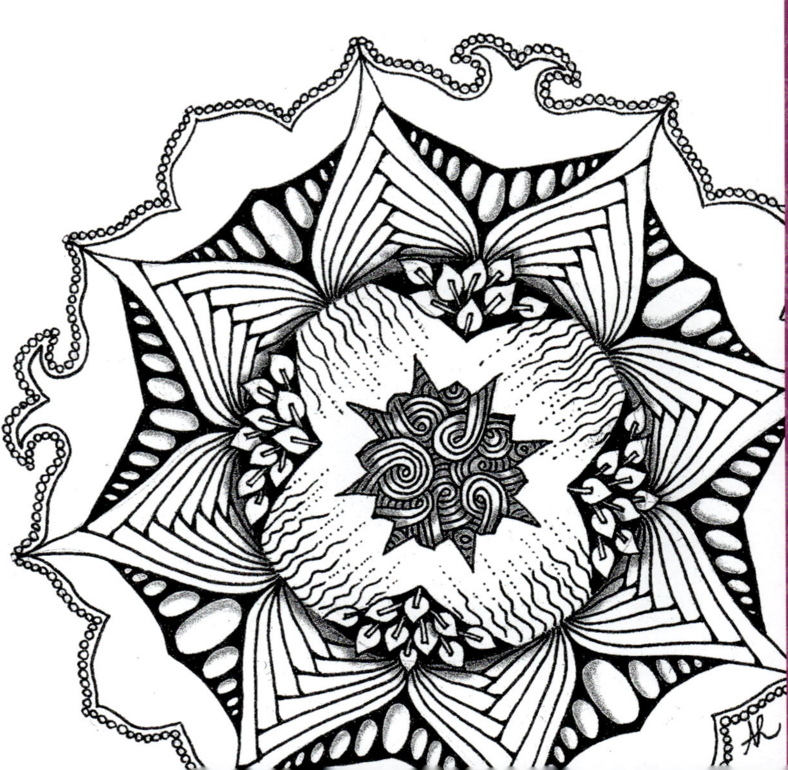

Der Faden mit Zirkel und Geodreieck

Mit dem **Zirkel** können Sie einen Faden exakt symmetrisch konstruieren. Eine Voraussetzung für die gleichmäßige Schönheit so eines symmetrischen Fadens ist, dass Sie sorgfältig arbeiten und die Mitte Ihrer Kachel genau markieren. Dabei hilft Ihnen die Mittenschablone.

Die **Mittenschablone** ist ganz leicht herzustellen und Gold wert, wenn es darum geht, die Mitte einer Zendala-Kachel zu finden. Bei Bedarf legen Sie die Schablone passgenau auf Ihre Zendala-Kachel und stecken einen Bleistift mit der Spitze durch den Mittelpunkt. So können Sie die Mitte der Kachel darunter exakt markieren.

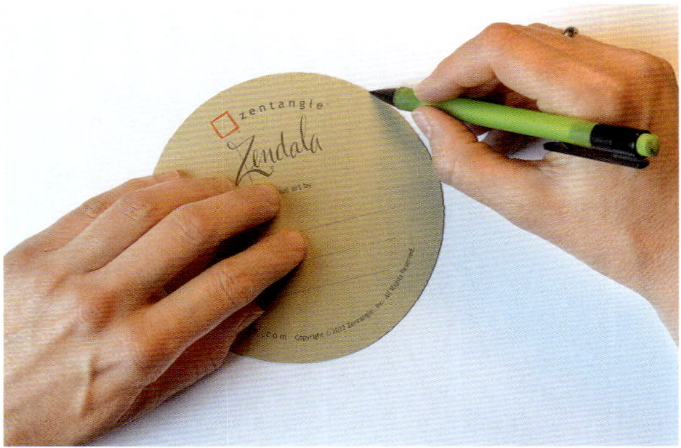

Vorbereitung einer Mittenschablone ...

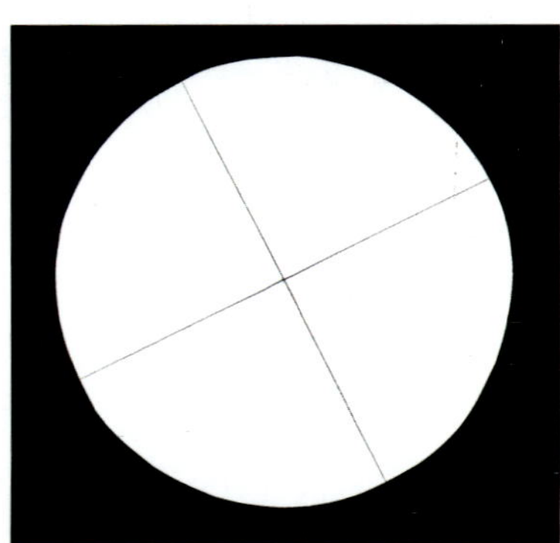

... und die fertige Schablone mit den Faltlinien: Das Faltkreuz zeigt den Mittelpunkt.

SO BASTELN SIE EINE MITTENSCHABLONE

1. Legen Sie eine Zendala-Kachel auf ein Stück Papier und zeichnen Sie den Kachelumriss nach.
2. Schneiden Sie den eben gezeichneten Kreis aus.
3. Falten Sie den Kreis in der Mitte, öffnen ihn und falten ihn noch einmal, sodass die Falze der ersten Faltung genau aufeinanderliegen.
4. Öffnen Sie den Kreis wieder: Wo die beiden Faltlinien sich kreuzen, liegt die genaue Mitte. Hier stechen Sie ein kleines Loch hinein, durch das Sie mit dem Bleistift eine Markierung setzen können.

Wenn Sie ein wenig mit den verschiedenen Ansatzpunkten des Zirkels herumprobieren, ergeben sich unzählige Möglichkeiten, wie Sie Ihre Zendalas gliedern können. Vor der Arbeit mit dem Zirkel brauchen Sie keine Scheu zu haben: In Teil II zeige ich Ihnen zehn Beispiele für Zirkel-Fäden, die Sie auch ohne Vorkenntnisse leicht nachzeichnen können.

Tipp: Wenn Sie mit dem Zirkel einen Kreis zeichnen, rutscht die Nadel schon einmal ab und hinterlässt unschöne Löcher im Papier oder noch ärgerlicher: Ihr Kreis gleicht eher einem Ei. Versuchen Sie, statt des Zirkels das Blatt zu drehen. So geht es erstaunlich gut!

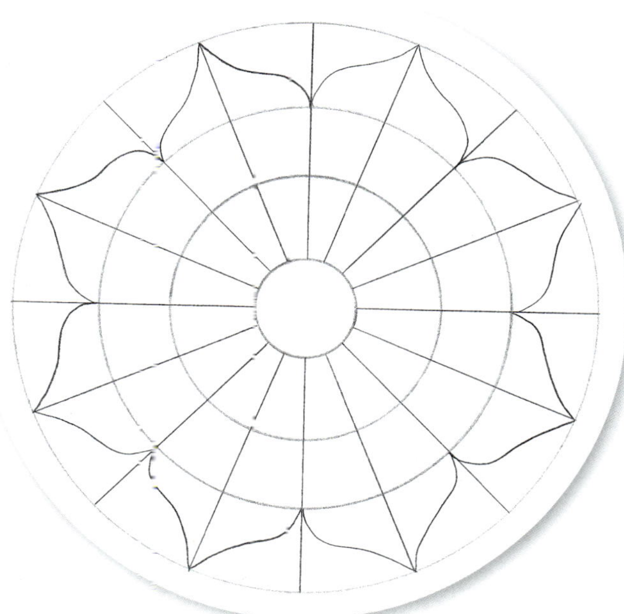

Ein Faden mit Strahlen:
Sonnenfeuer

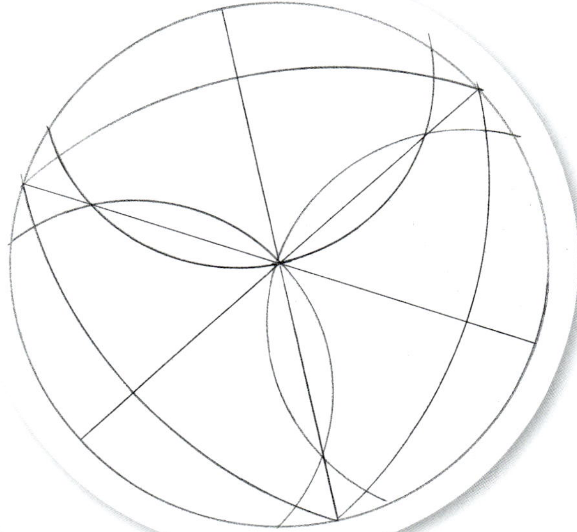

Ein Faden mit Bögen:
Trinity

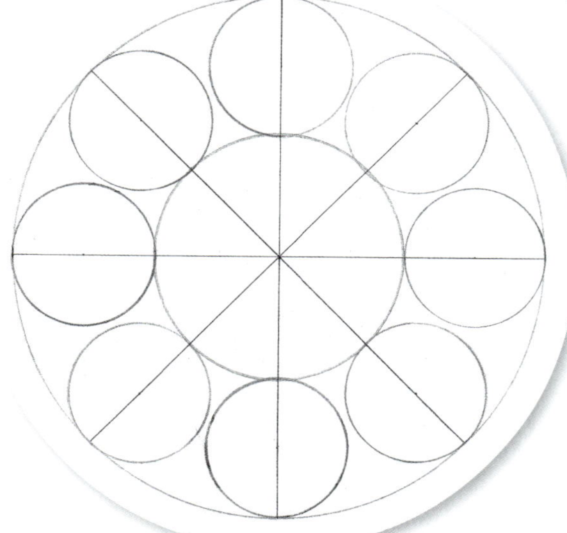

Ein Faden mit ganzen
Kreisen: Unity

Das **Geodreieck** hilft Ihnen beim Zeichnen von parallelen Linien. Sie können damit auch Winkel bestimmen. Eine praktische Funktion: Sie ermöglicht es Ihnen, die Kreisform des Zendalas in gleiche Segmente (»Tortenstücke«) einzuteilen! Da der ganze Kreis 360 Grad misst, hat beispielsweise bei einer Sechser-Aufteilung jedes Segment einen Winkel von 60 Grad, bei einer Achter-Aufteilung 45 Grad ...

SO ZEICHNEN SIE EINEN WINKEL VON 60 GRAD

1. Legen Sie das Geodreieck so an der gezeichneten Mittelachse des Zendalas an, dass die Null der Linealkante genau auf dem Mittelpunkt des Zendalas liegt.
2. Nun drehen Sie das Geodreieck so, dass die Mittellinie von eben genau unter der 60 im äußeren Kreis der Winkelmarkierungen liegt.
3. Überprüfen Sie, ob die Null noch auf dem Mittelpunkt liegt, und ziehen Sie die zweite Linie. Zwischen den beiden Geraden liegt dann ein Winkel von genau 60 Grad.

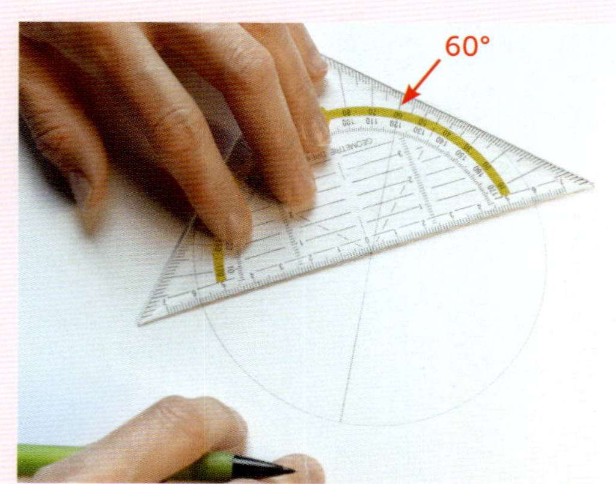

Ansetzen des Geodreiecks für einen 60-Grad-Winkel

Musterformen für runde Felder

Bei symmetrisch aufgebauten Zendalas sieht es oft schön aus, wenn gleiche Feldformen mit denselben oder wenigstens ähnlichen Mustern gefüllt werden.

Außerdem empfiehlt es sich, die Zentangle-Muster ein wenig an die runde Form des Gesamtbildes anzupassen. Das wirkt ausgeglichener und organischer. Bordüren oder rasterbasierte Muster lassen sich besonders gut in die Rundform bringen. Die Umsetzung ist gar nicht schwer, wie ich Ihnen am Beispiel des Dreieckmusters Nook und einer Variation des Rastermusters Nago demonstrieren möchte (komplette Anleitungen zu diesen Mustern finden Sie auf Seite 78 und 79).

Dreiecke ans Rund anpassen

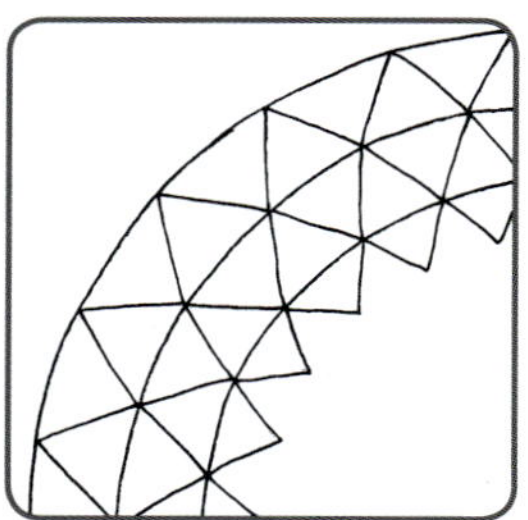

Wenn Sie Nook in einem Bogen anlegen, werden die inneren Dreiecke von selbst etwas kleiner als die äußeren.

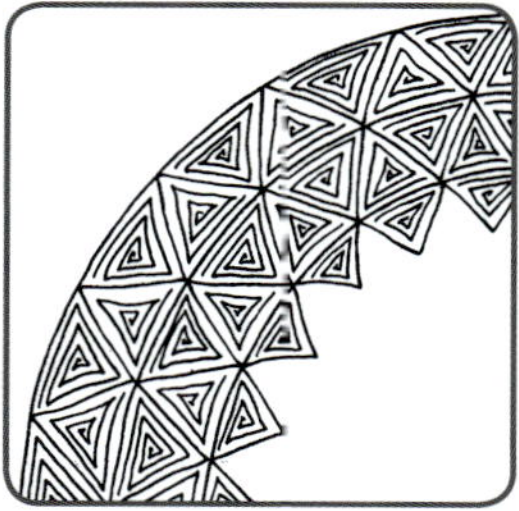

Die dreieckigen Spiralen, die Sie in die Dreiecke einfügen, passen sich der Grundform in der Größe automatisch an. Linien, die parallel zum Bogen verlaufen, krümmen sich leicht.

Raster ans Rund anpassen

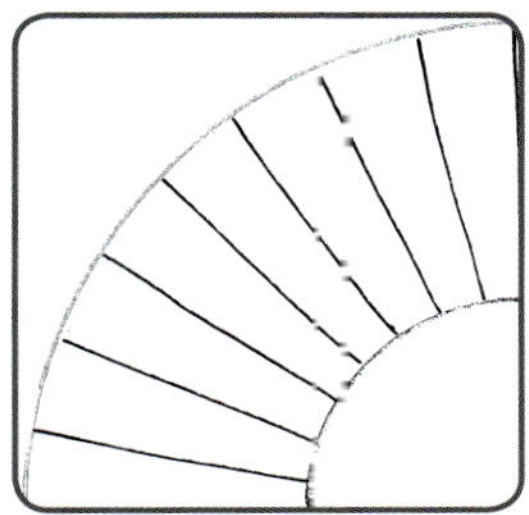

Bei Mustern, die auf einem quadratischen Raster basieren, ziehen Sie zuerst die »Längsstreben«. Diese laufen nach außen hin auseinander.

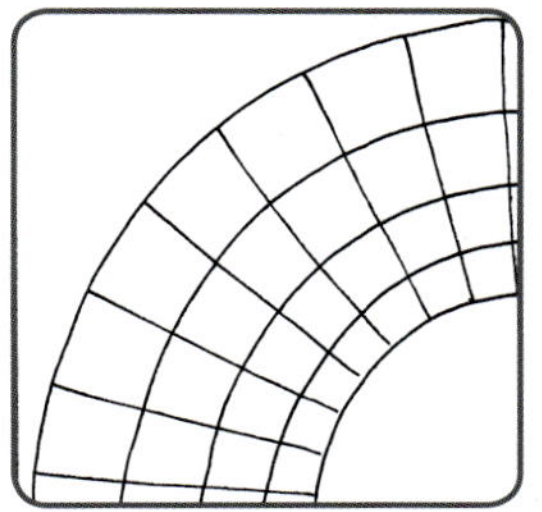

Wenn Sie nun die Querlinien so zeichnen, dass sich annähernd Quadrate ergeben, werden diese zum Mittelpunkt des Kreises hin immer kleiner und dichter.

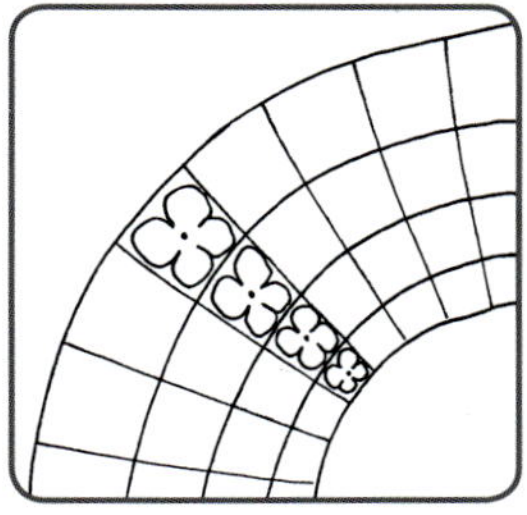

Durch die unterschiedlichen Größen der Vierecke werden auch die Blumen, mit denen Sie das Raster füllen, zur Mitte hin kleiner.

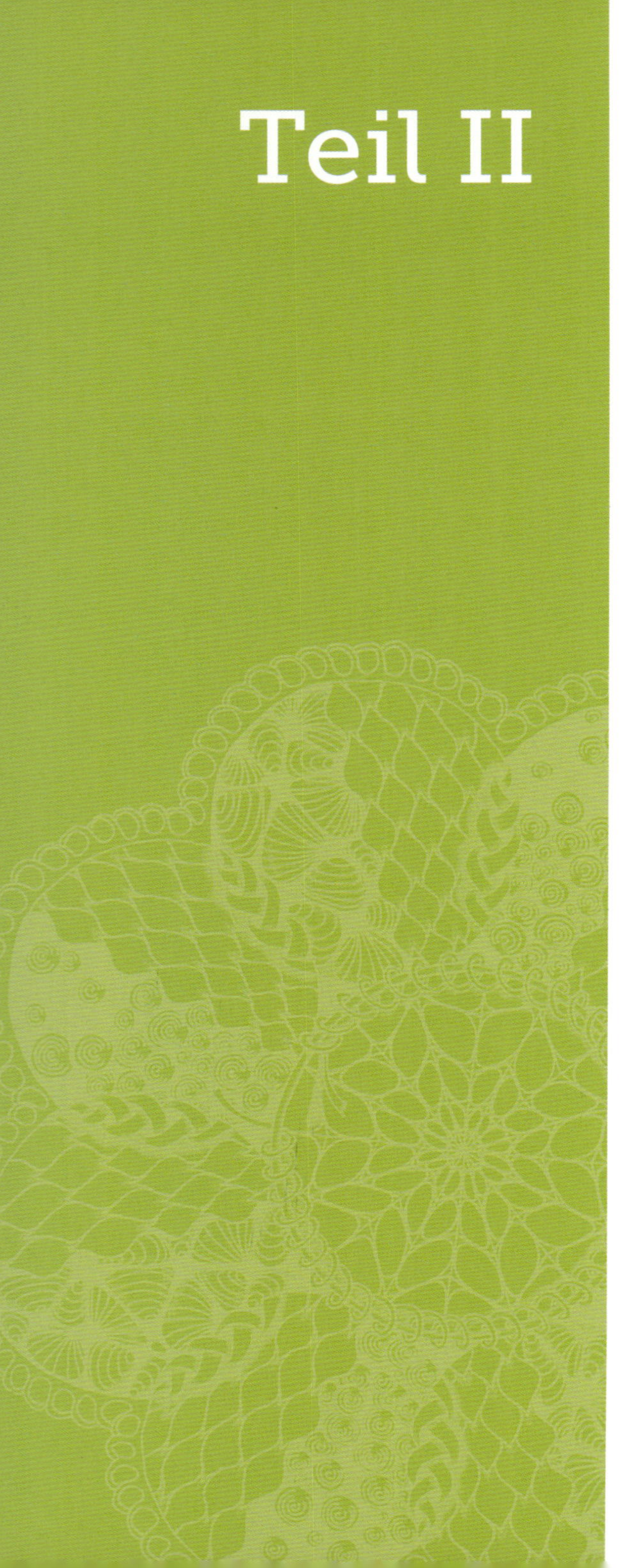

Zendalas in Schwarz-Weiß

Dieses Kapitel enthält die Anleitungen für zehn Zendala-Fäden, die Sie nach Lust und Laune mit Zentangle-Mustern aus Teil IV füllen können. Alle diese Vorlagen können Sie mit Zirkel und Geodreieck nachzeichnen. Wer es sich zutraut, kann davon aber auch gern abweichen und freihändig Elemente dazuzeichnen.

In meinen Anleitungen habe ich, wie auch bei Zentangle-Mustern üblich, den jeweiligen nächsten Zeichenschritt **mit Rot** gekennzeichnet. So können Sie leichter erkennen, welche Linien neu hinzukommen. Hinweise **in Grün** betreffen den Zirkel: Die grünen Buchstaben zeigen an, wo Sie den Zirkel ansetzen sollen. Eine grün gestrichelte Linie bedeutet, dass Sie hier den Zirkelabstand einstellen müssen. Verläuft eine grüne Strichlinie zum Beispiel von A nach B, setzen Sie die Nadel Ihres Zirkels auf Punkt A und stellen den Zirkel so ein, dass die andere Spitze genau auf Punkt B zeigt (siehe auch »Tipp« auf Seite 28). Mit diesem Zirkelabstand zeichnen Sie dann den nächsten Schritt.

Der Faden in meinen Vorlagen ist nichts anderes als eine Anregung. Variationen bleiben Ihnen selbstverständlich überlassen, egal ob Sie nun beispielsweise über die Bleistiftlinien hinwegtangeln oder Linien mit dem Fineliner verstärken bzw. umranden möchten.

Die ersten sechs Zendalas sind recht einfach gehalten, sodass sie vom Format her gut auf eine Zendala-Kachel passen. Bei den letzten vier Vorlagen bietet es sich dagegen an, das Ganze etwas größer zu zeichnen, damit die Tangles in den komplizierteren Aufteilungen genügend Platz haben und richtig schön zur Geltung kommen. Am Ende haben Sie vielleicht ein kleines Meisterwerk geschaffen, das Sie rahmen und sich an die Wand hängen möchten.

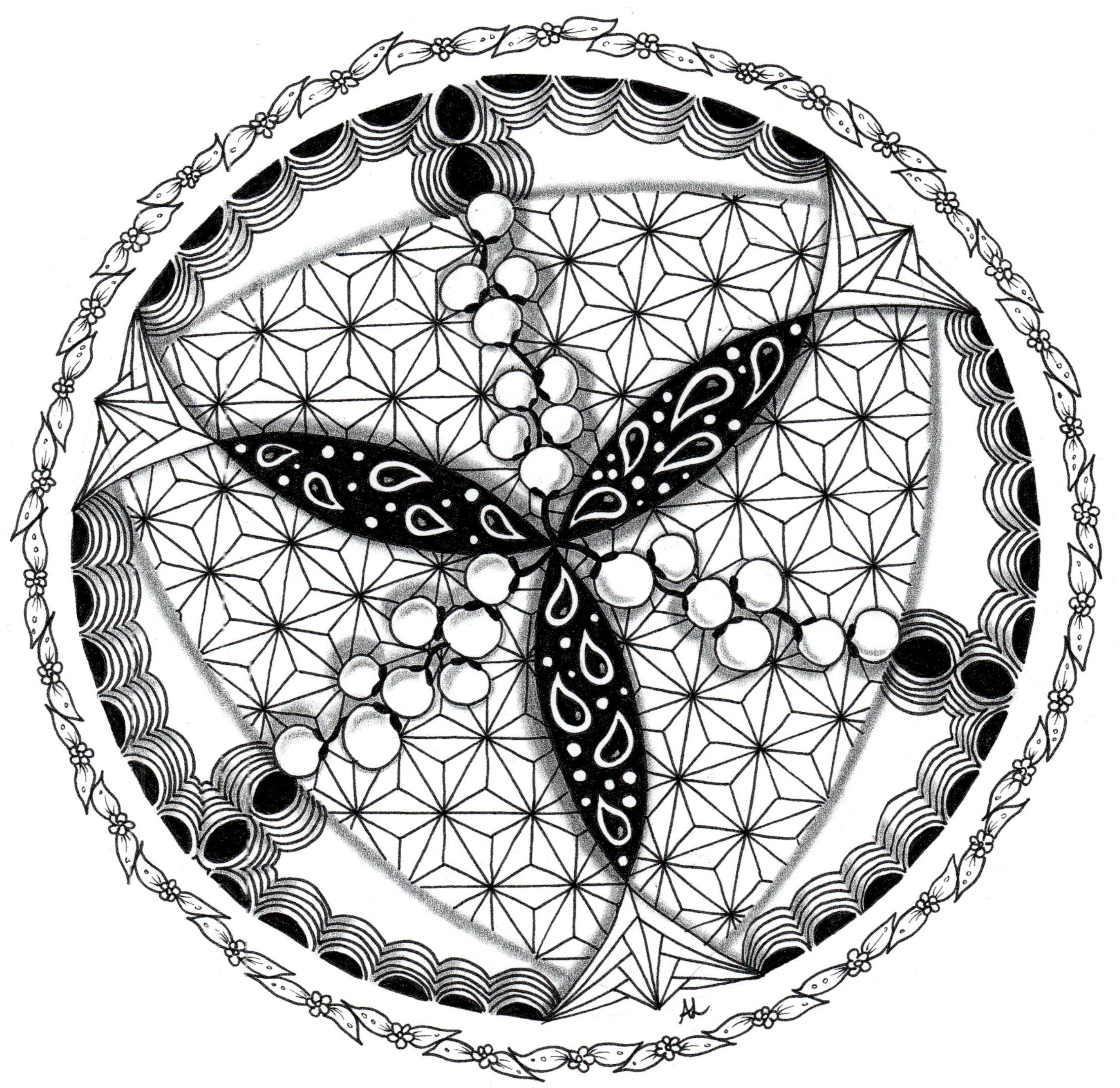

Glücksrad

Die Zacken des effektvollen Glücksrades können nach rechts oder auch nach links gebogen sein. Spielen Sie bei der Komposition des Fadens ruhig mit den Größenverhältnissen: Variieren Sie die Abstände der Binnenkreise oder zeichnen Sie den »Stern« in der Mitte größer. Im fertigen Zendala habe ich den Faden in der Mitte nur als Anhaltspunkt verwendet, um das Muster Fengle zu platzieren.

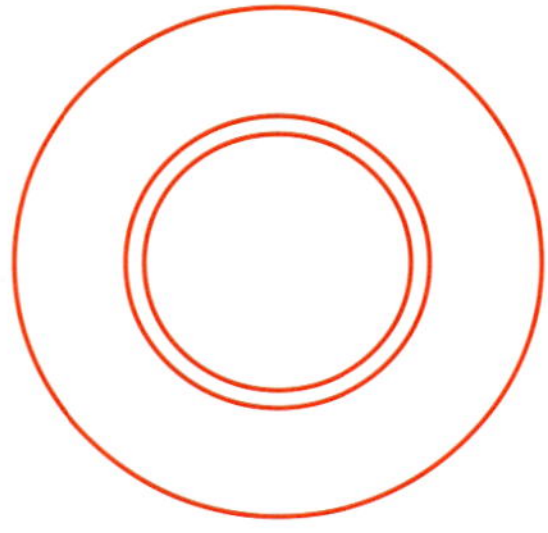

1. Zeichnen Sie mit dem Zirkel den Rahmen und darin zwei Kreise.

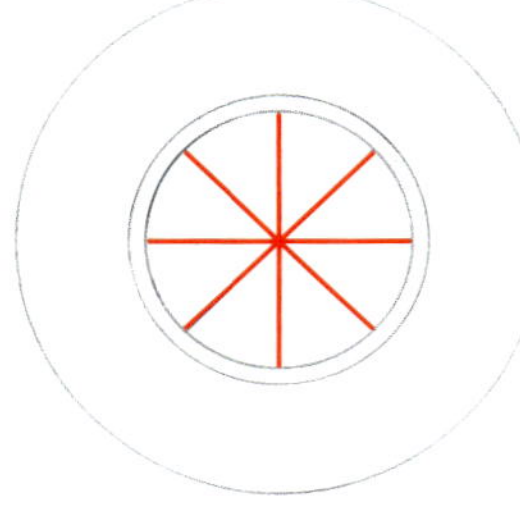

2. Den innersten Kreis unterteilen Sie viermal mit dem Geodreieck, sodass acht gleiche »Tortenstücke« à 45 Grad entstehen.

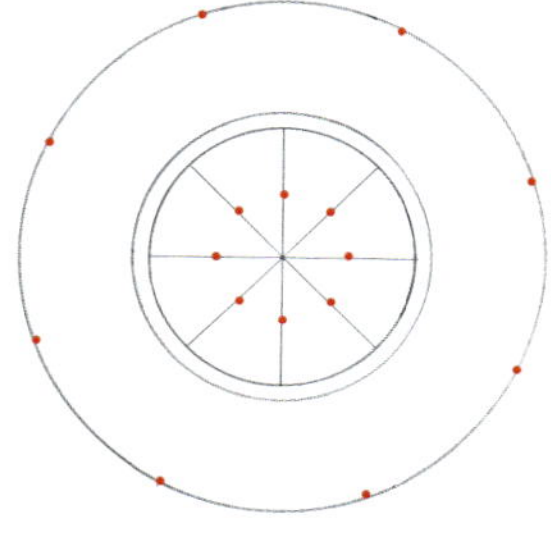

3. Markieren Sie jeweils den Mittelpunkt der geraden Linien. Fügen Sie außen auf dem Rahmen etwas versetzt zur Mitte der gedachten »Tortenstücke« auch zarte Markierungen ein.

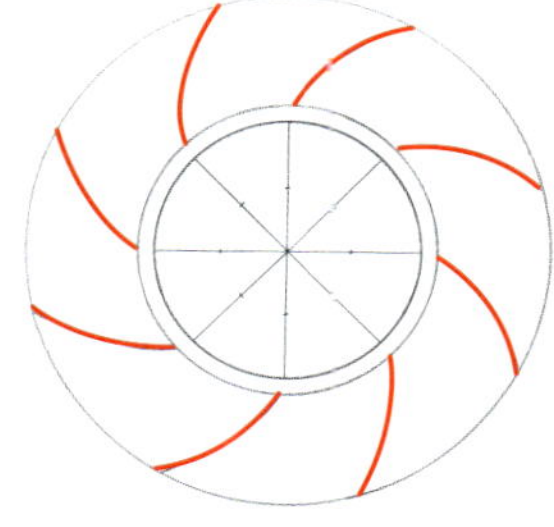

4. Vom Ende der geraden Linien aus ziehen Sie leicht gebogene Linien (oder Geraden mit dem Lineal) zur jeweils nächsten Markierung am Rand.

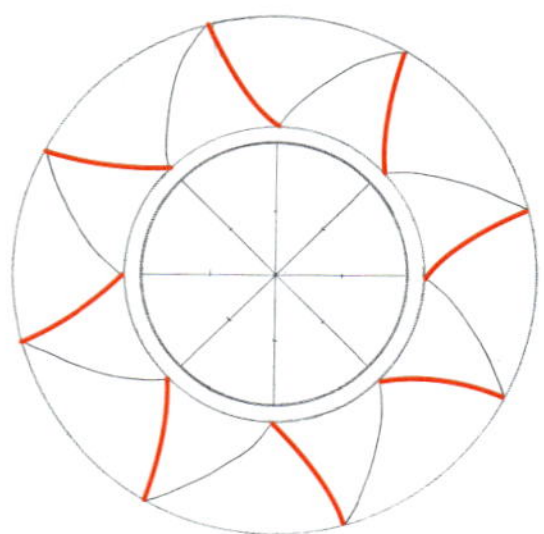

5. Ein weiterer Bogen (oder eine Gerade) vervollständigt die Zacken.

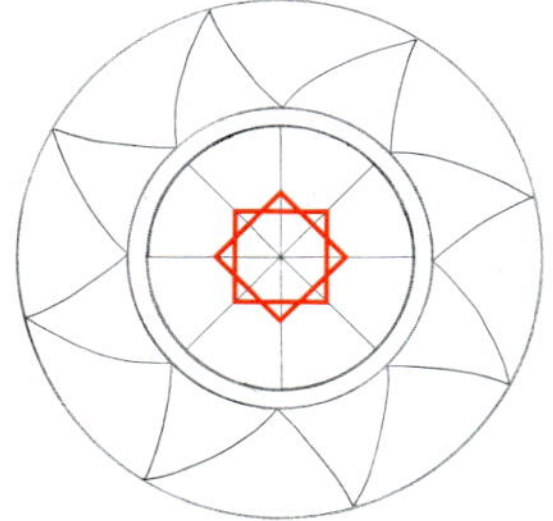

6. Verbinden Sie die Markierungen auf den mittleren Linien noch mit dem Lineal, sodass zwei versetzte Quadrate entstehen.

Tipp: Wenn Sie gebogene Zacken haben möchten, drehen Sie das Papier bei Schritt 4 und 5 einfach vor jedem neuen Strich, sodass Sie den Bogen immer im gleichen Winkel zeichnen können.

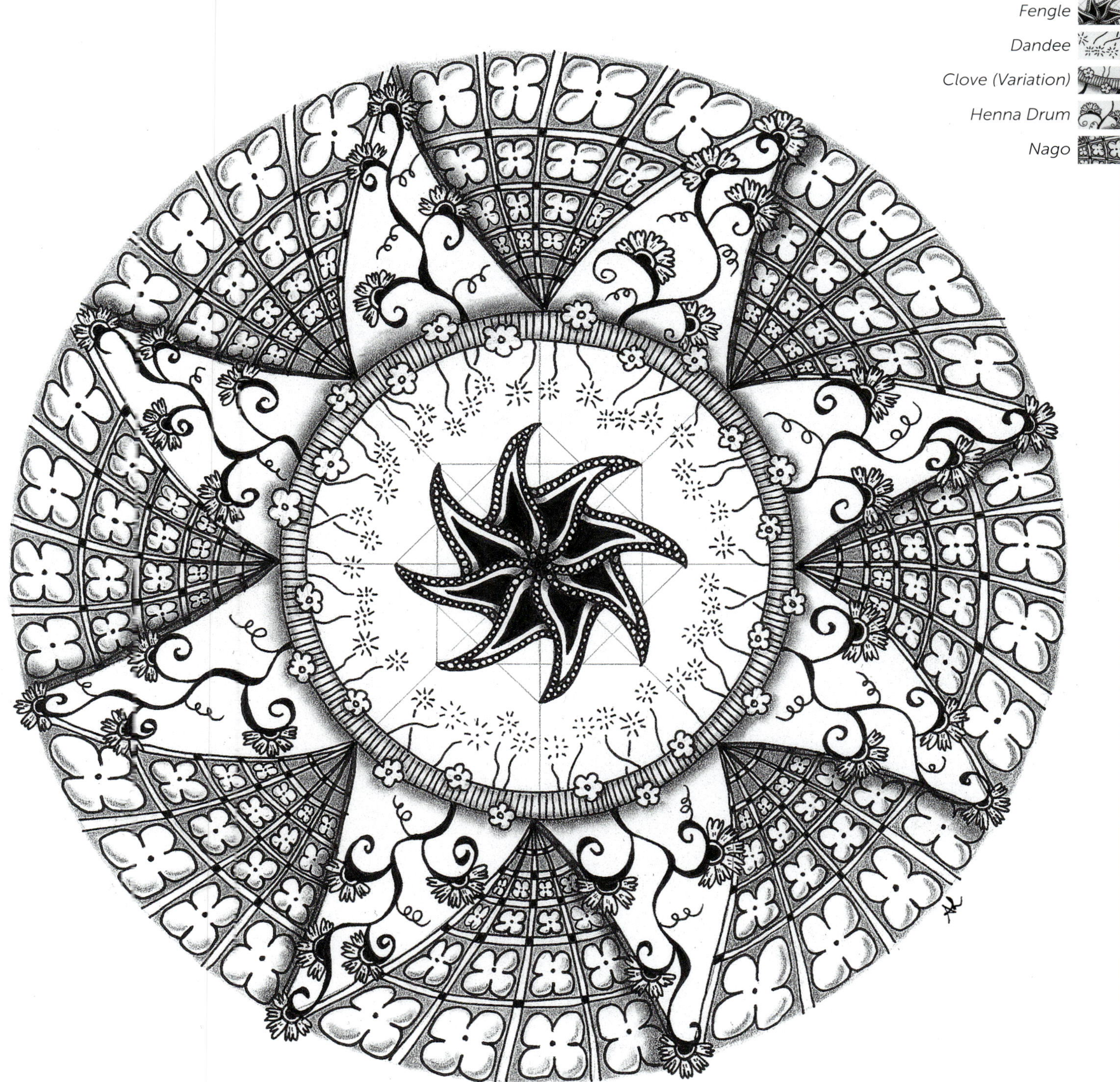

Fengle
Dandee
Clove (Variation)
Henna Drum
Nago

Trinity

Der Faden für dieses Zendala ist einfach zu zeichnen. Achten Sie jedoch darauf, den Zirkel genau nach Anweisung einzustellen und anzusetzen, damit ein ebenmäßiges Gesamtbild entsteht.

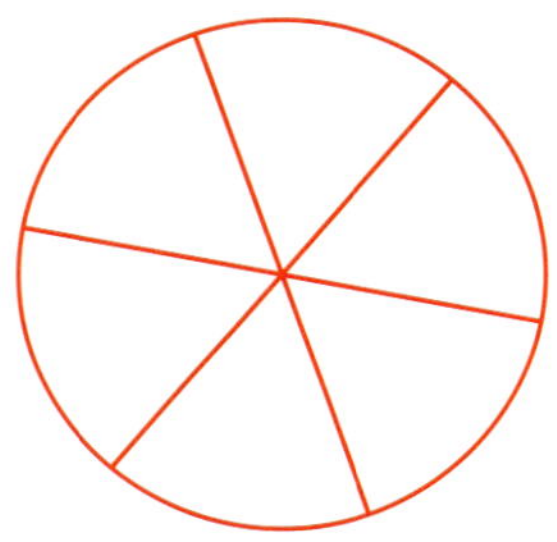

1. Zeichnen Sie den Rahmen mit dem Zirkel. Teilen Sie die Fläche mithilfe des Geodreiecks in sechs »Tortenstücke« ein, die jeweils einen Winkel von 60 Grad enthalten.

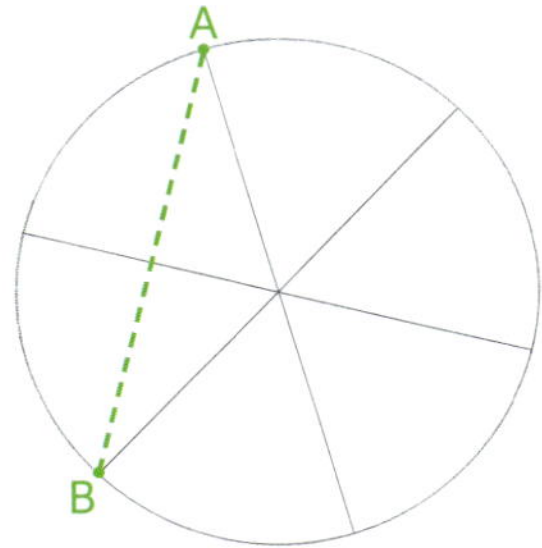

2. Stellen Sie den Zirkel auf den Abstand zwischen Punkt A und B ein.

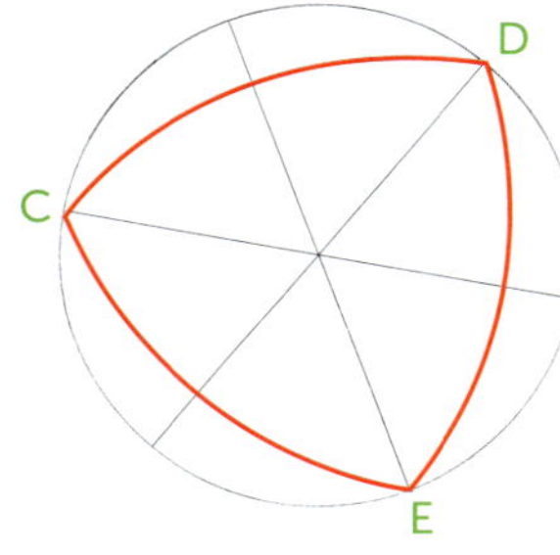

3. Setzen Sie den Zirkel nun nacheinander auf Punkt C, D und E an und ziehen Sie mit der Einstellung von Schritt 2 einen Teilbogen innerhalb des Rahmens.

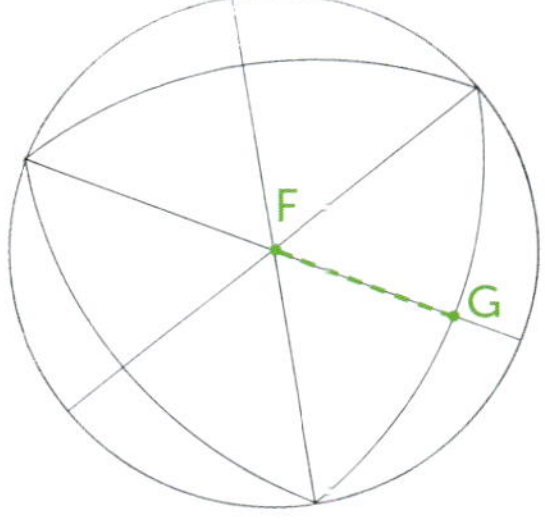

4. Stellen Sie den Zirkel auf den Abstand zwischen Punkt F und G ein.

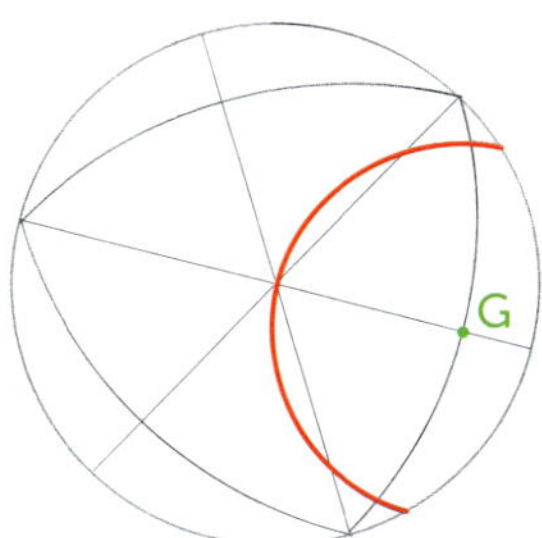

5. Damit zeichnen Sie von Punkt G aus einen Bogen innerhalb des Rahmens.

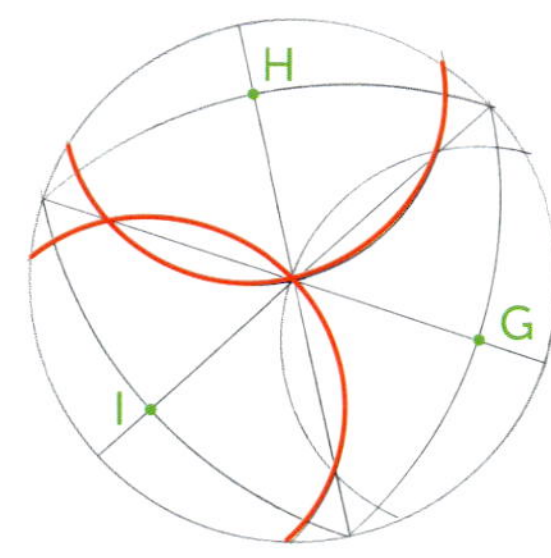

6. Wiederholen Sie diesen Schritt von Punkt H und I aus. Schon steht die symmetrische Aufteilung.

Tipp: So stellen Sie den Zirkelabstand ein.

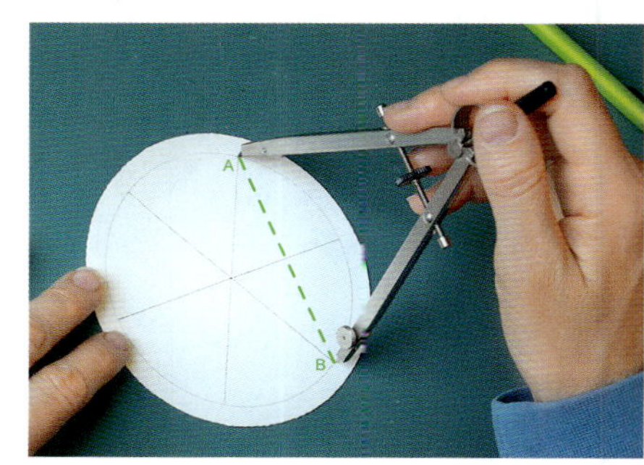

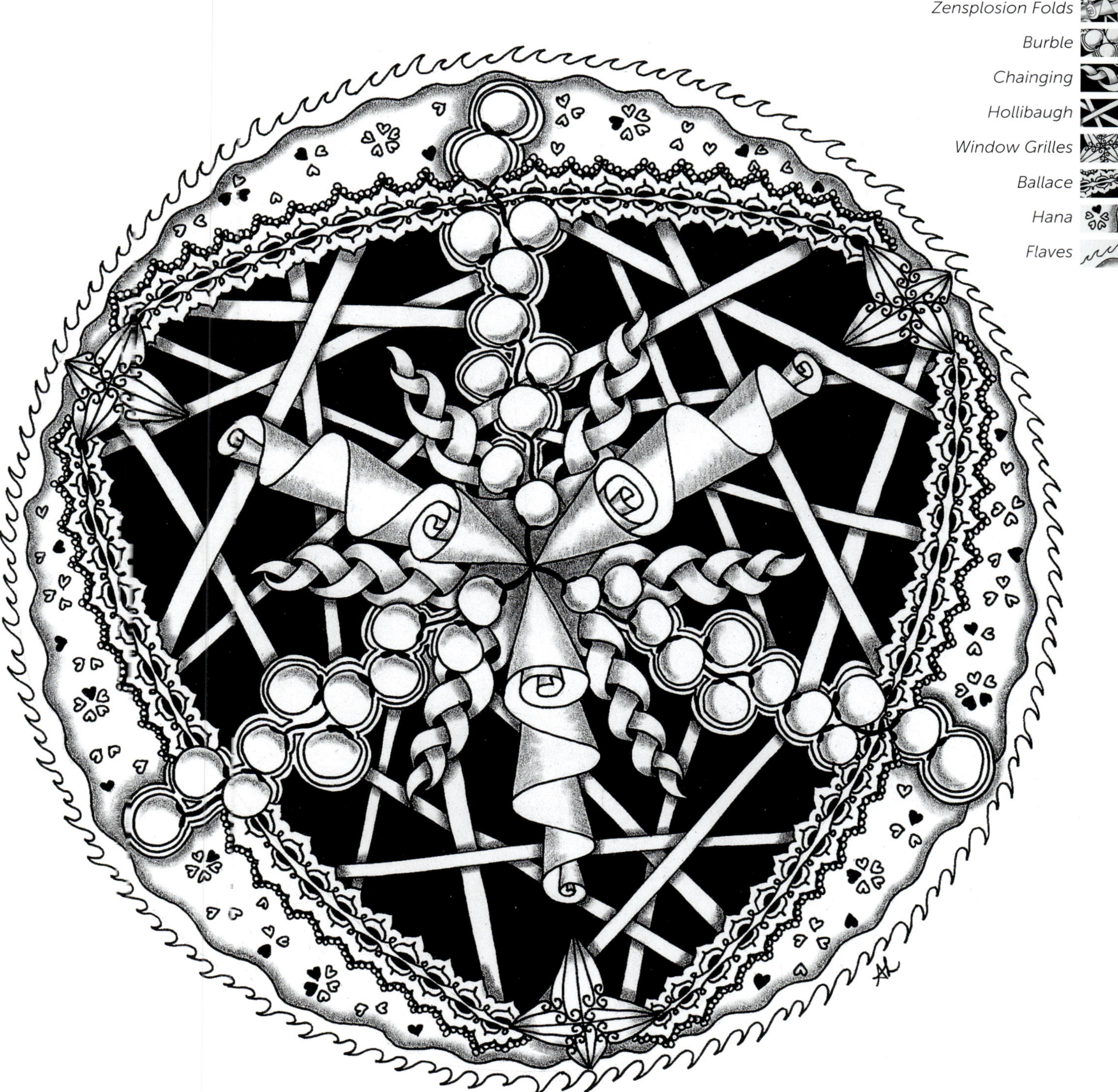

Zensplosion Folds
Burble
Chainging
Hollibaugh
Window Grilles
Ballace
Hana
Flaves

Yin und Yang

Diese Vorlage stellt eine abgewandelte Form des Symbols für das Yin-Yang-Prinzip dar. In der chinesischen Philosophie steht der schwarze Teil (Yin) für die weibliche Seite, die Erde und die Ruhe, während die weiße Seite (Yang) die männliche Energie, den Himmel und die Aktivität verkörpert. Beide beinhalten jedoch auch einen kleinen Teil des jeweils anderen und symbolisieren so die Kräfte der Welt, die sich ergänzen.

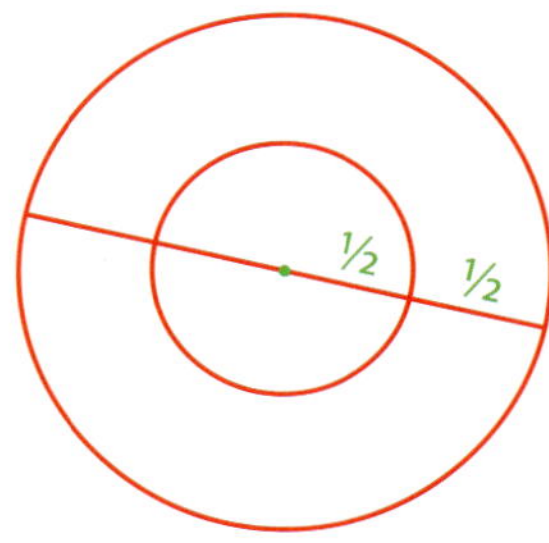

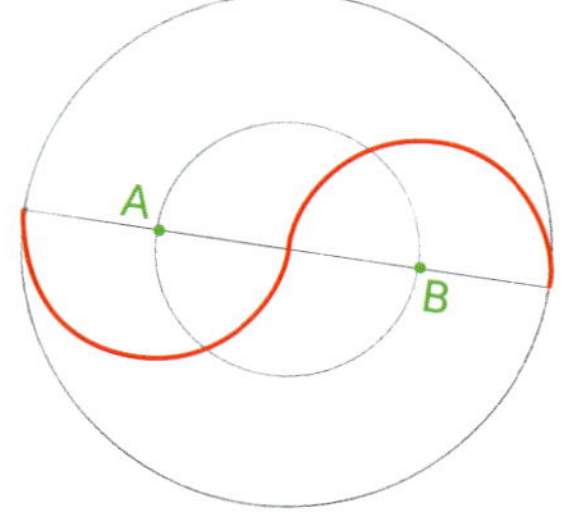

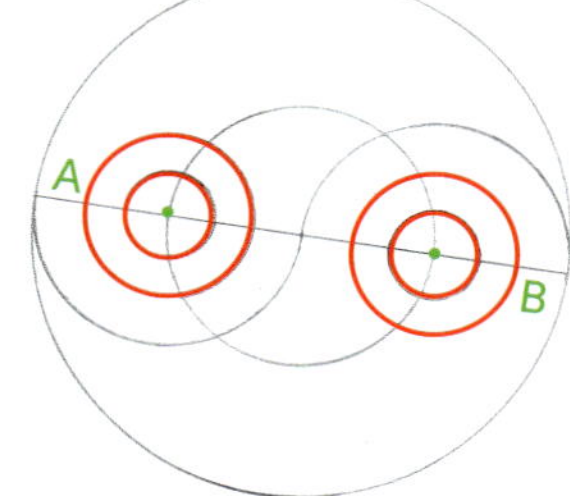

1. Ziehen Sie den Rahmen mit dem Zirkel und unterteilen Sie den Kreis mit einer Mittellinie. Mit dem halben Radius wie dem für den Rahmen zeichnen Sie nun mit dem Zirkel einen inneren Kreis.
2. Behalten Sie die Zirkeleinstellung bei und zeichnen Sie damit von Punkt A und B aus jeweils einen Halbkreis – oberhalb und unterhalb der Mittellinie.
3. Um A und B herum ziehen Sie jeweils noch zwei kleinere Kreise, und der Faden ist fertig.

Tipp: Um auf schwarzem oder braunem Untergrund weiße Highlights und dunkle Schattierungen umzusetzen, müssen Sie nicht mehrere Papierwischer besitzen. Mit einem Stück Schleifpapier oder dem Minenschärfblock lässt sich die Spitze Ihres Wischers zwischendurch leicht reinigen.

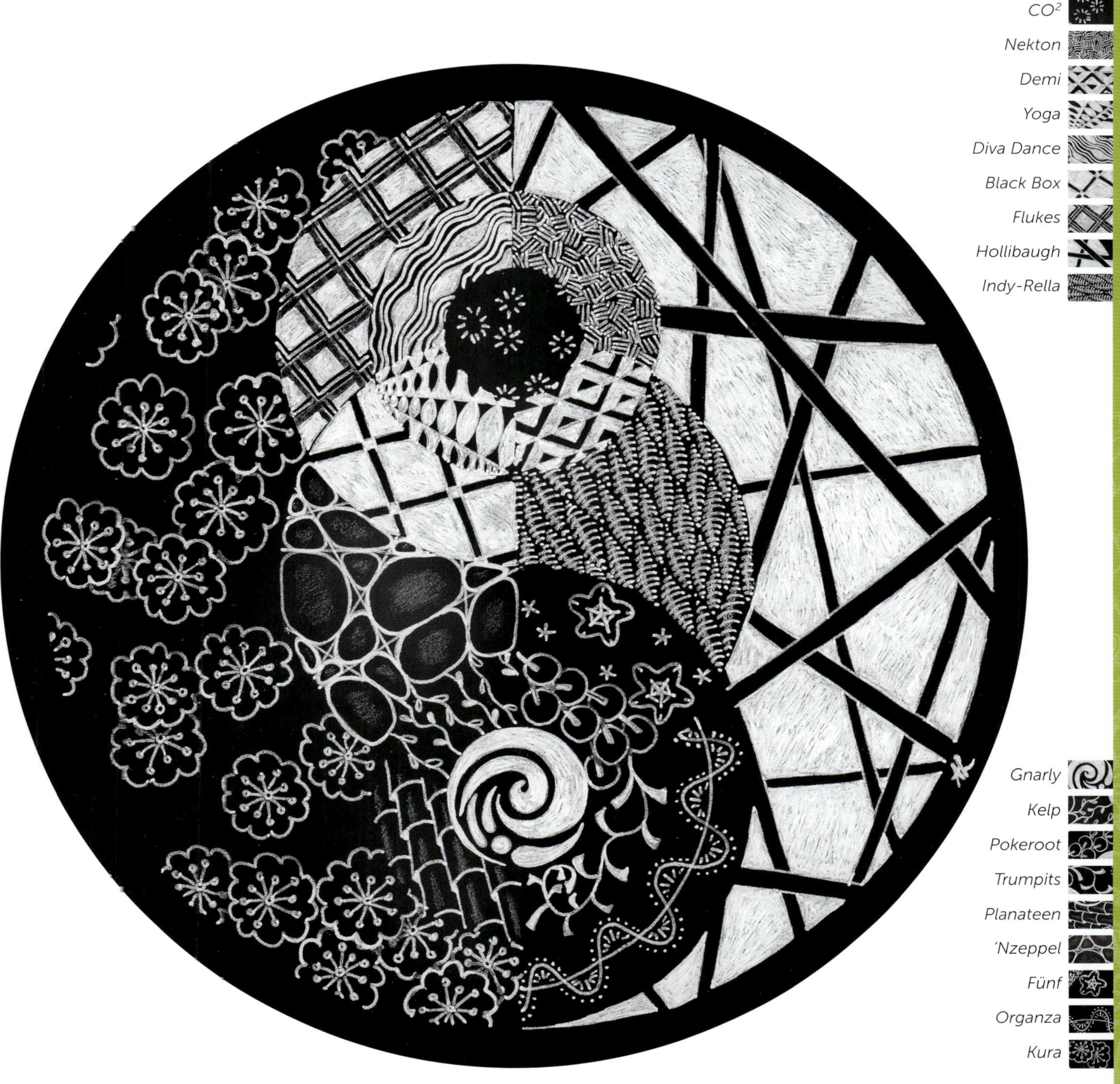
CO^2
Nekton
Demi
Yoga
Diva Dance
Black Box
Flukes
Hollibaugh
Indy-Rella
Gnarly
Kelp
Pokeroot
Trumpits
Planateen
'Nzeppel
Fünf
Organza
Kura

Blume des Lebens

Diese ornamentale Form taucht in zahlreichen Kulturen als Symbol für die kosmische Ordnung und als schutzbringendes Zeichen auf. Die Geometrie der harmonisch ineinander verschlungenen Kreise – traditionell neunzehn Stück – erinnert an eine Blume. Der Faden lässt sich beliebig nach außen hin fortsetzen, wenn Sie auf den Rahmen verzichten und weitere Kreise um die äußeren Schnittpunkte ziehen.

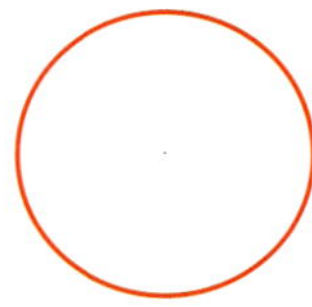

1. Ziehen Sie mit dem Zirkel einen Kreis um den Mittelpunkt der Zendala-Kachel. Der Radius des Kreises sollte etwas kleiner sein als der halbe Kachel-Radius.

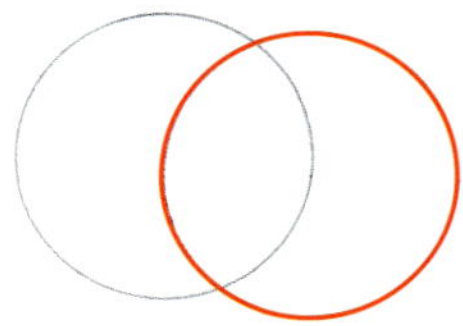

2. Behalten Sie die Zirkeleinstellung bei, setzen Sie den Zirkel an einem beliebigen Punkt auf der Kreislinie an und zeichnen Sie einen zweiten Kreis.

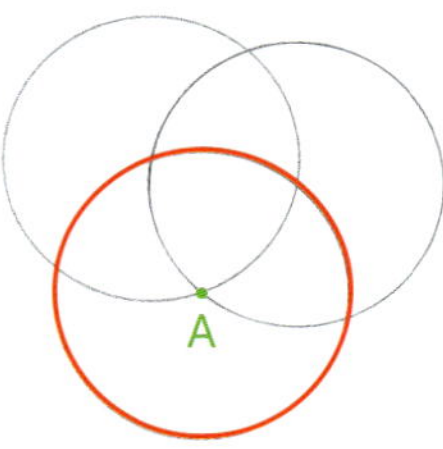

3. An einem Schnittpunkt der beiden Kreise setzen Sie den Zirkel wieder an und ziehen einen dritten Kreis.

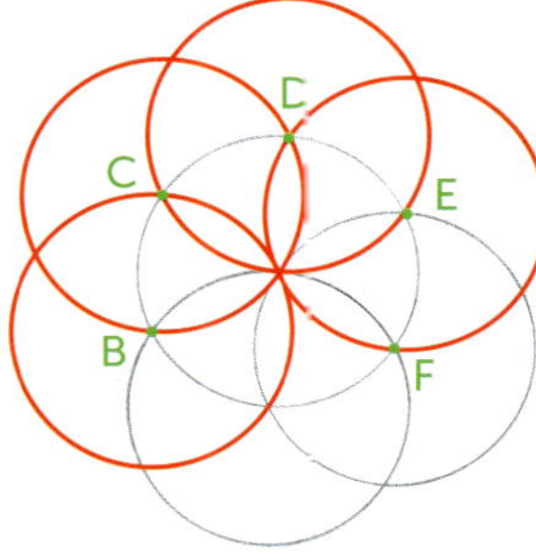

4. Nach dem Prinzip von Schritt 3 ziehen Sie noch vier weitere Kreise um die äußeren Schnittpunkte B, C, D, E und F. Ringsum entsteht so eine Blumenform.

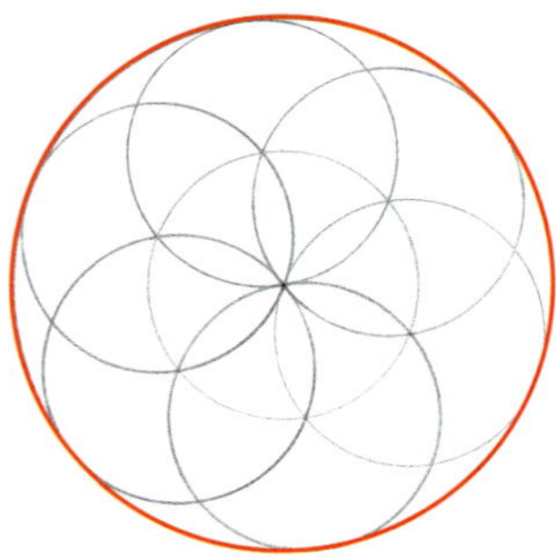

5. Optional: Zum Schluss zeichnen Sie vom Mittelpunkt aus einen großen Kreis als Rahmen.

Tipp: Die Blume des Lebens erfordert es, dass Sie den Zirkel besonders genau ansetzen. Belohnt werden Sie mit einem wunderschön regelmäßigen Zendala!

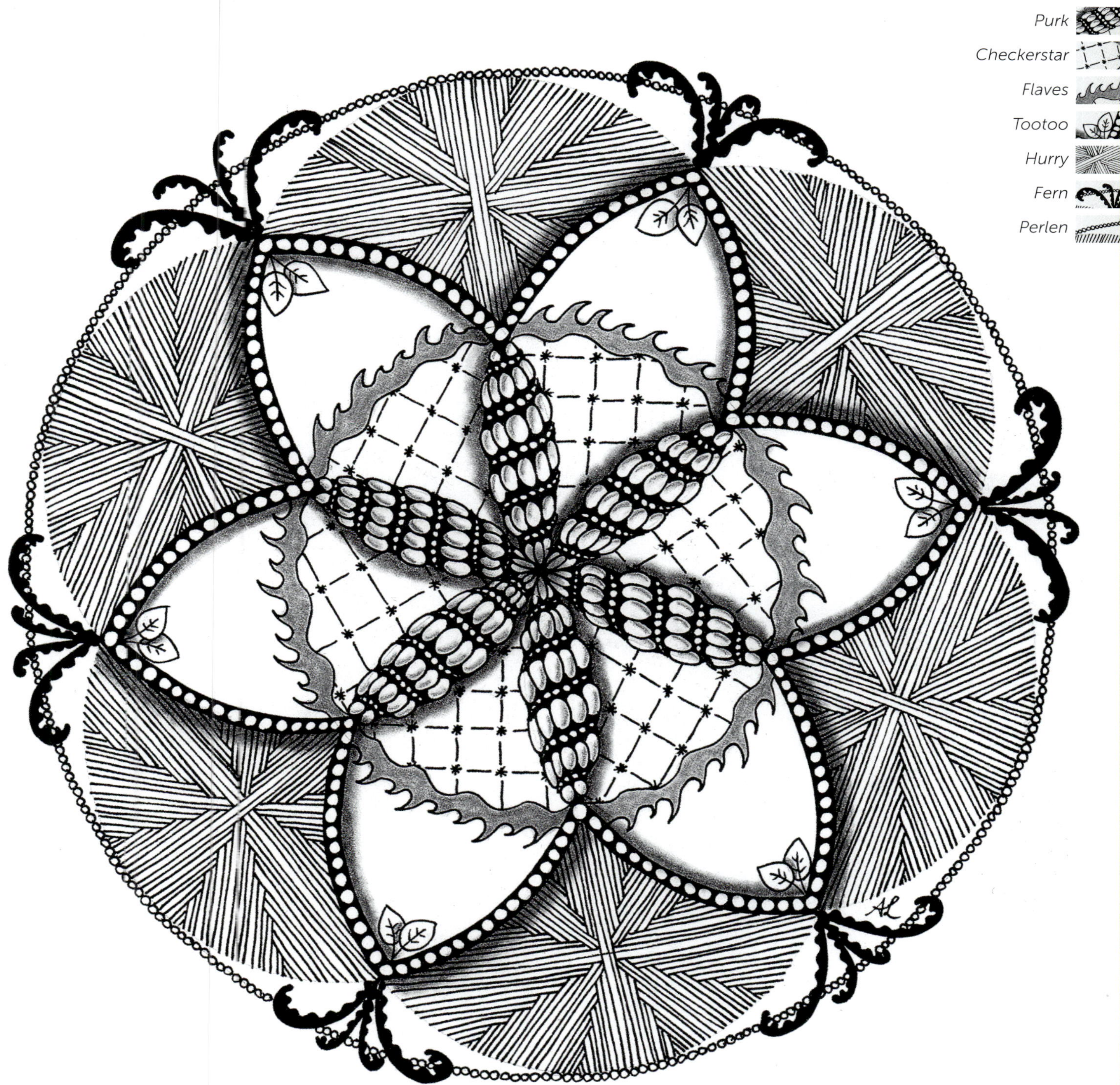
Purk
Checkerstar
Flaves
Tootoo
Hurry
Fern
Perlen

Unity

Unity verkörpert, was der englische Name verspricht: eine Einheit, oder vielmehr Strahlen und Kreisformen im Einklang. Die äußeren Kreise können den inneren Kreis zur Abwechslung auch überlappen oder getrennt dastehen – je nachdem, wie groß Sie den Innenkreis zeichnen.

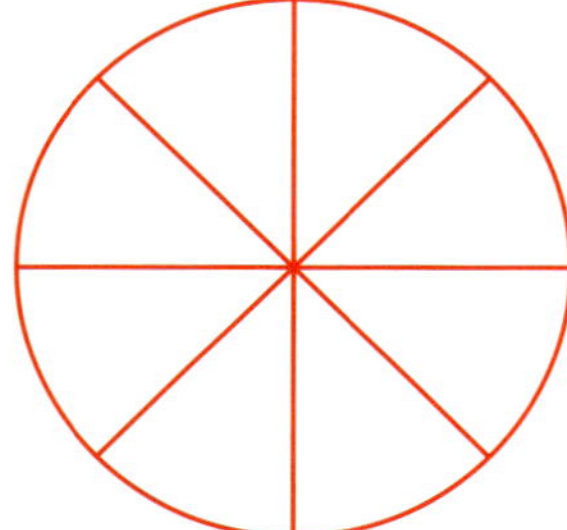

1. Ziehen Sie den Rahmen mit dem Zirkel. Teilen Sie den Kreis mithilfe des Geodreiecks in acht gleiche »Tortenstücke« zu je 45 Grad auf.

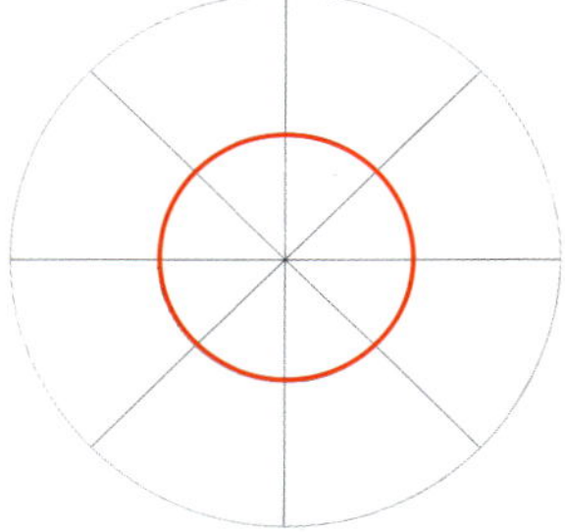

2. Ziehen Sie einen zweiten Kreis um den Mittelpunkt herum, dessen Radius höchstens halb so groß ist wie der Radius des Rahmens.

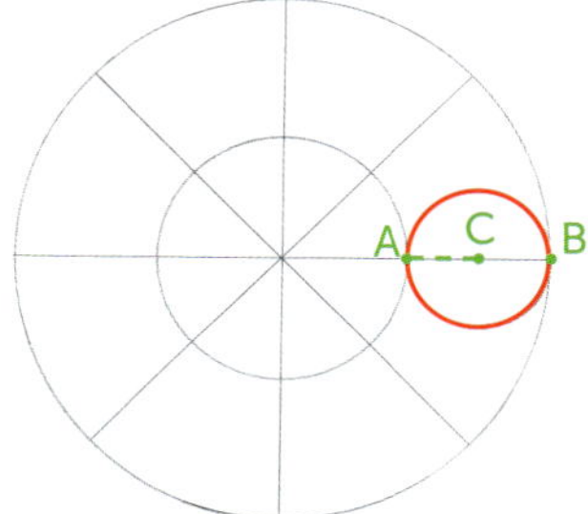

3. Punkt C liegt genau in der Mitte zwischen A und B. Stellen Sie den Zirkel auf den Abstand A–C ein und ziehen Sie mit dieser Einstellung einen Kreis um Punkt C.

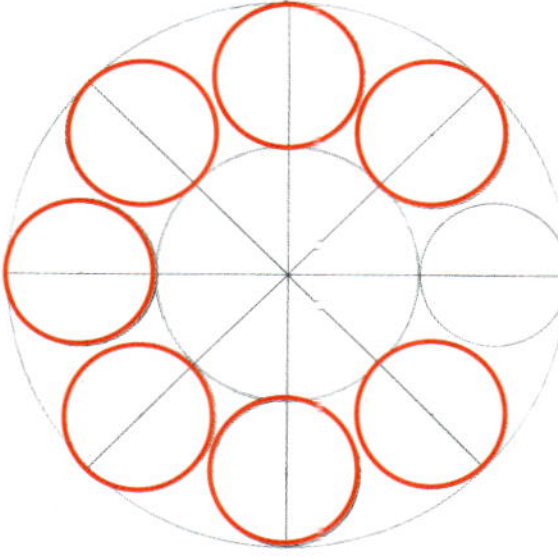

4. Wiederholen Sie Schritt 3 rundherum, indem Sie sieben weitere Außenkreise zeichnen.

Tipp: Wenn Sie den Abstand einmal mit dem Geodreieck in Schritt 3 ausgemessen haben, finden Sie die Ansatzpunkte für den Zirkel ganz leicht ohne weiteres Messen.

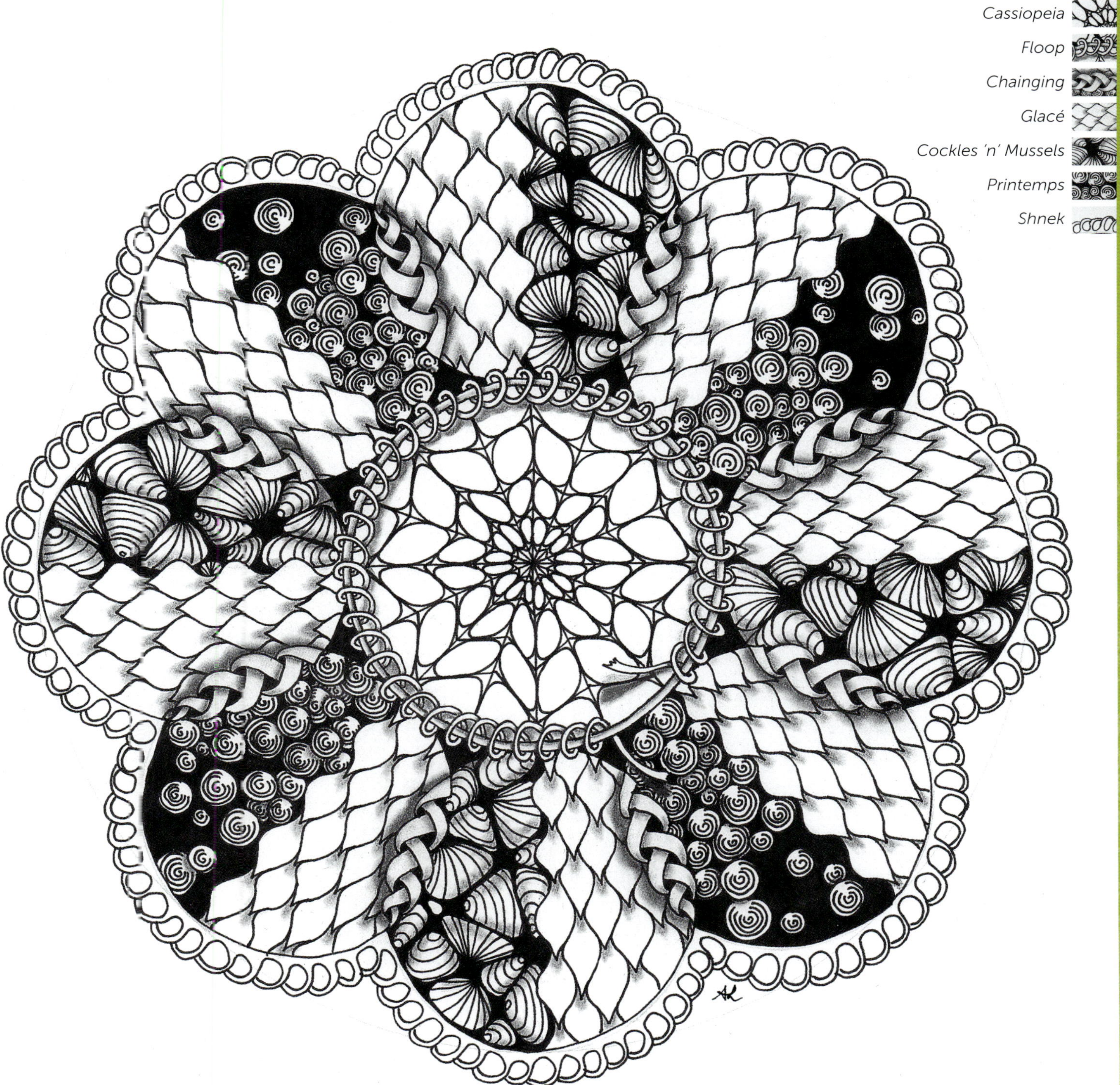
Cassiopeia
Floop
Chainging
Glacé
Cockles 'n' Mussels
Printemps
Shnek

Sonnenfeuer

Von diesem Zendala gibt es zwei Versionen – eine einfache, die nur mit Zirkel und Lineal gezeichnet wird, und eine etwas weichere und blumigere, bei der Sie einmal freihändig zeichnen (Schritt 4b). Daraus ergibt sich dann im Rund eine wunderschöne, schwungvolle Blütenform.

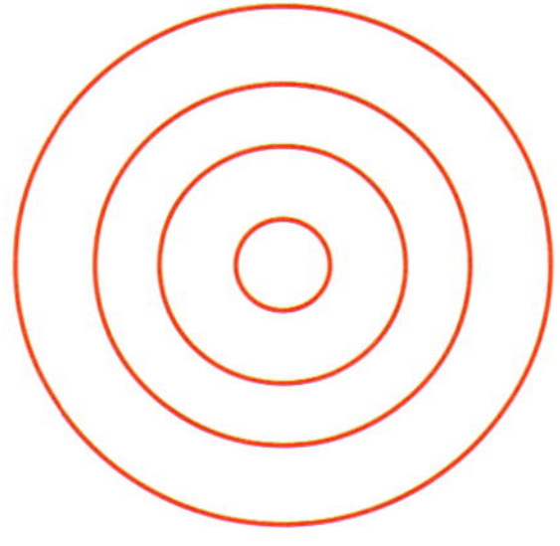

1. Ziehen Sie mit dem Zirkel den Rahmen und drei Innenkreise um den Mittelpunkt. Den Radius für die Innenkreise (und damit die Abstände zwischen ihnen) können Sie frei wählen.

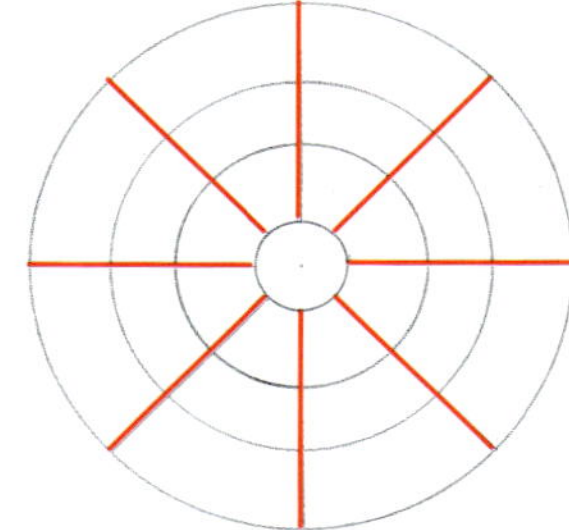

2. Teilen Sie das Zendala mit dem Geodreieck in acht gleiche »Tortenstücke« auf. Den Kreis ganz innen sparen Sie dabei aus.

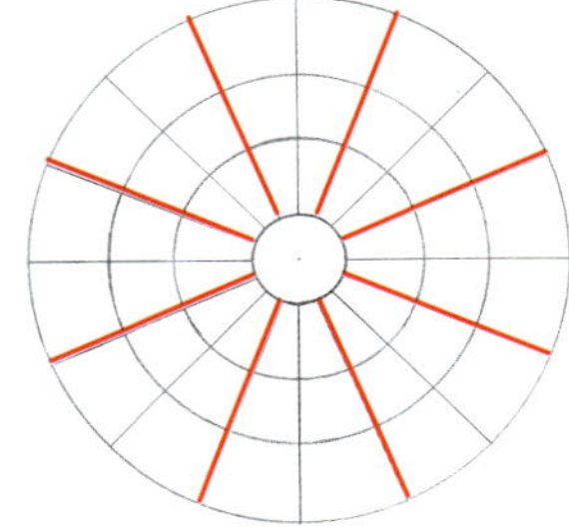

3. Teilen Sie die »Tortenstücke« nun noch einmal mit dem Geodreieck in der Mitte.

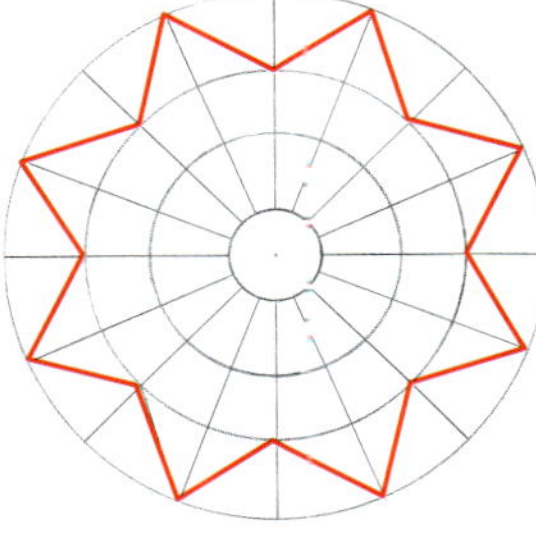

4a. Dann zeichnen Sie mit dem Lineal Schrägen durch die äußeren Felder und versehen die Strahlen so mit Zacken.

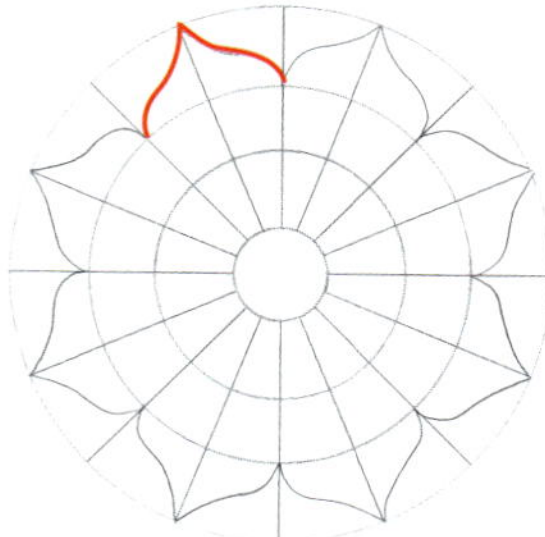

4b. Oder Sie zeichnen ohne Hilfsmittel lang gezogene Schlangenlinien, die abwechselnd nach links oder rechts zeigen. Ein Paar bildet jeweils eine Art Flammenform.

Tipp: Üben Sie die Schlangenlinien erst einmal auf einem separaten Blatt. Wenn Sie sich mit den freien Schwüngen sicher fühlen, setzen Sie die Linien in Ihr Zendala ein.

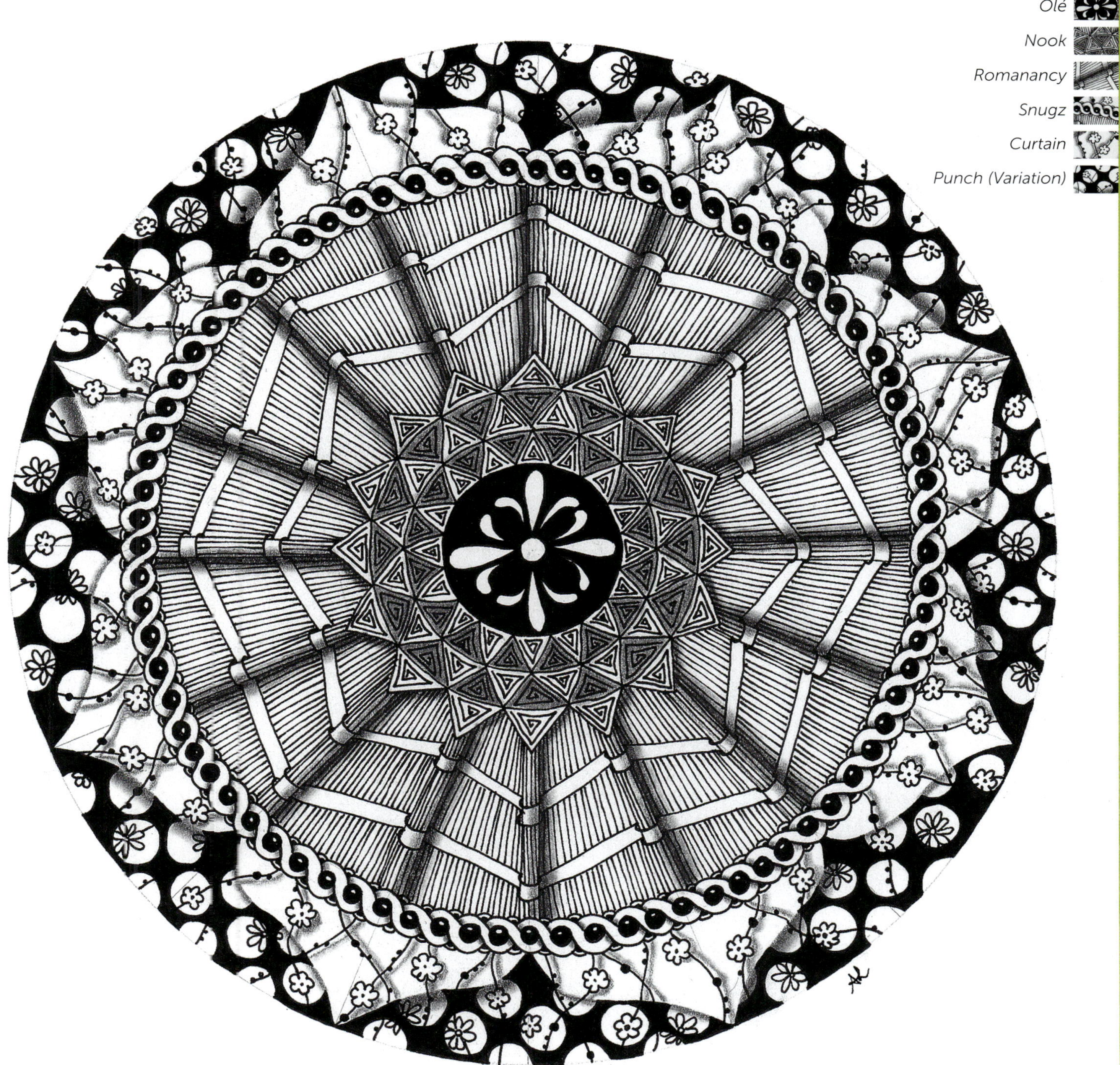
Olé
Nook
Romanancy
Snugz
Curtain
Punch (Variation)

Nordstern

Ein Strahlenbündel und vier Dreiecke liegen dieser üppigen Sternform zugrunde. Da der Nordstern viele kleine Felder beinhaltet, bietet es sich für die Ausgestaltung an, auf einem größeren Format zu arbeiten.

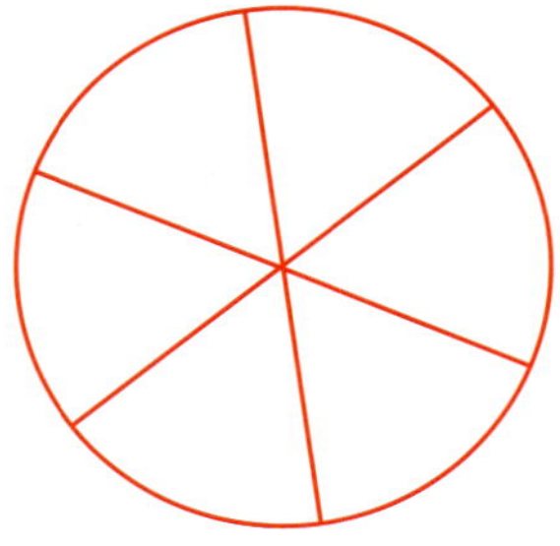

1. Zeichnen Sie den Rahmen mit dem Zirkel. Teilen Sie die Fläche mithilfe des Geodreiecks in sechs gleiche »Tortenstücke« ein, die einen Winkel von 60 Grad enthalten.

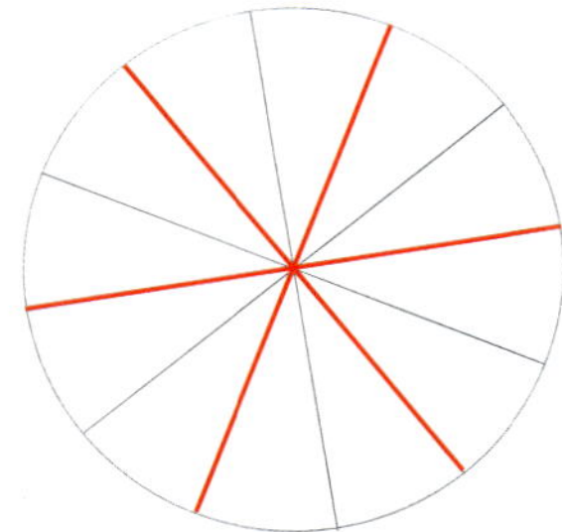

2. Diese Segmente teilen Sie nun wieder in der Mitte (siehe Tipp).

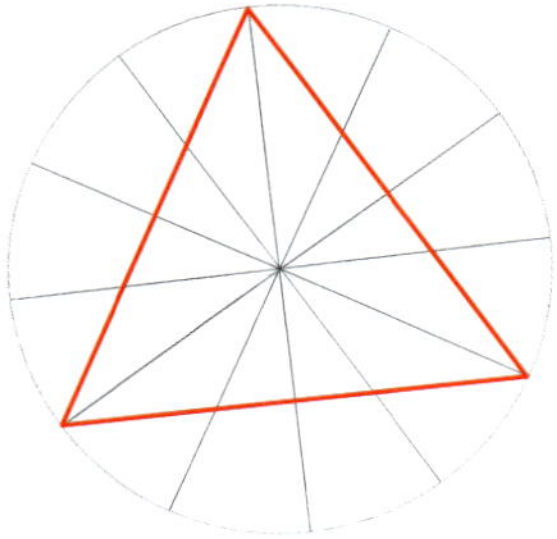

3. Verbinden Sie drei Endpunkte der Linien zu einem Dreieck. Dazwischen überspringen Sie jeweils drei Endpunkte.

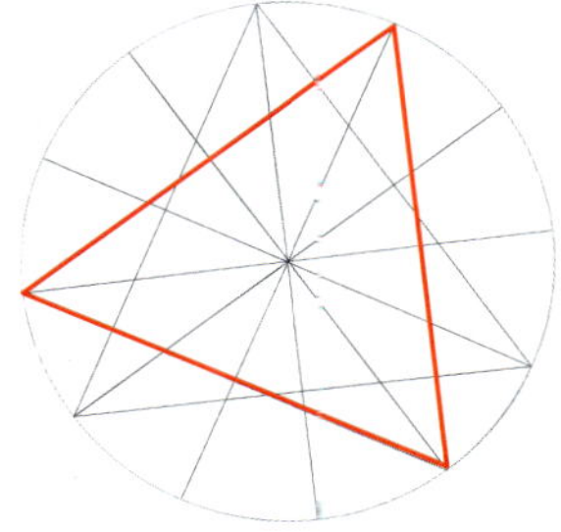

4. Zeichnen Sie auf die gleiche Weise, aber versetzt ein weiteres Dreieck, indem Sie eine Linie weiter im Uhrzeigersinn anfangen.

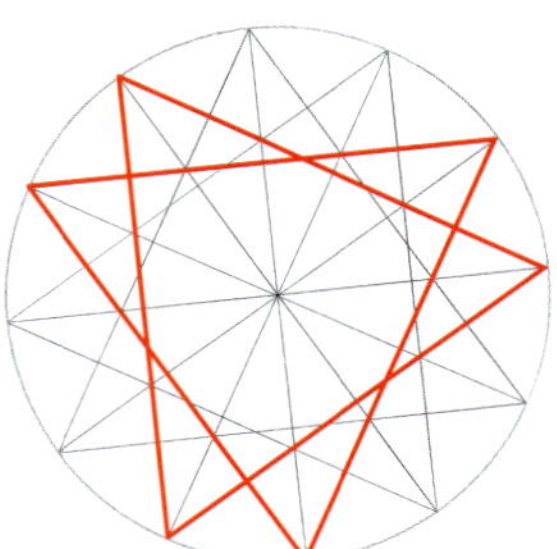

5. Wiederholen Sie Schritt 4 noch zwei Mal, bis die Zacken des Nordsterns fertig sind.

Tipp: Setzen Sie bei Schritt 2 das Geodreieck einfach so an, dass die Mittellinie auf bereits bestehenden Linien liegt. So ersparen Sie sich das Winkelmessen.

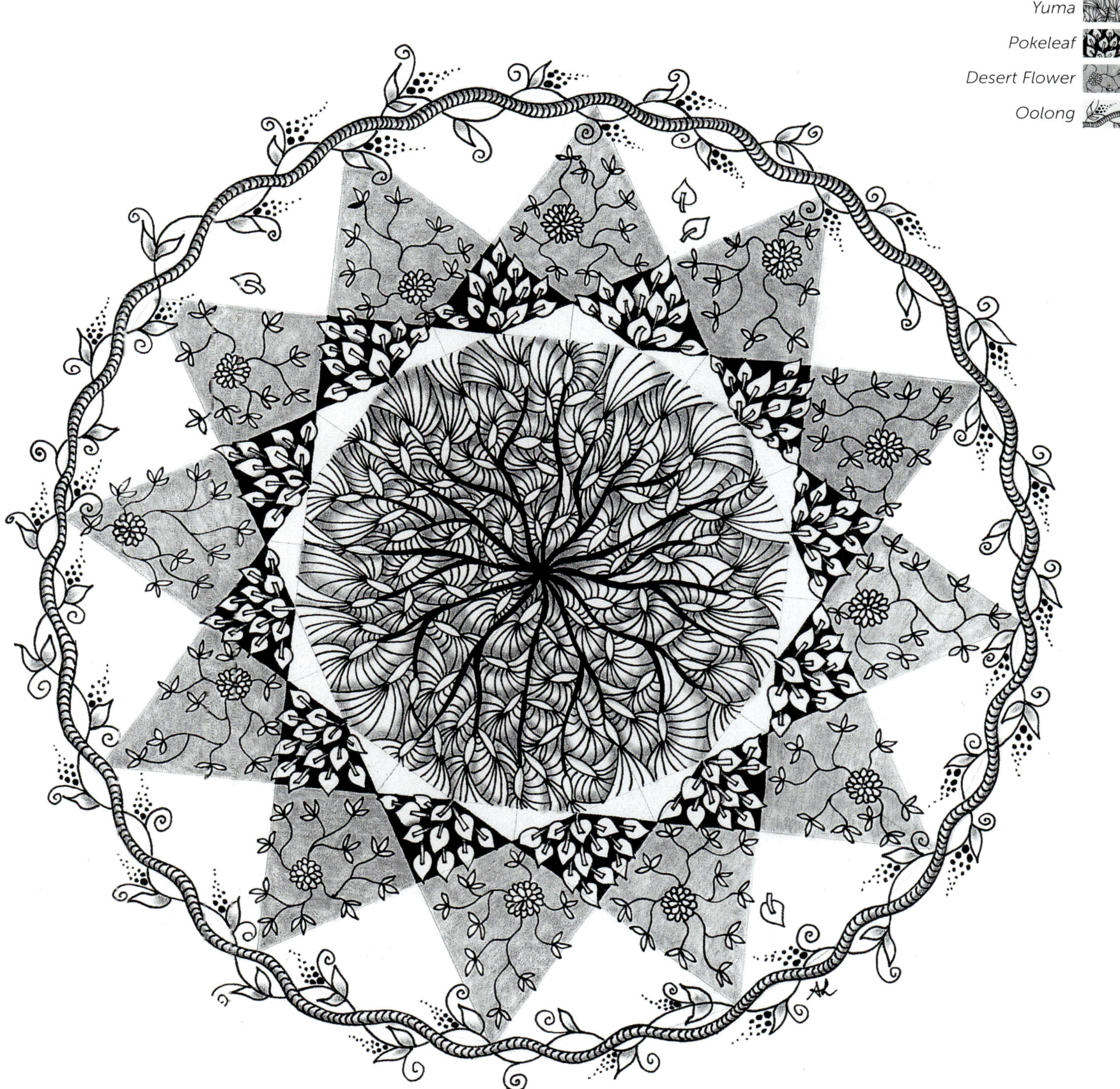
Yuma
Pokeleaf
Desert Flower
Oolong

Seerose

Beim Faden der Seerose bauen Sie auf der Blume des Lebens (siehe Seite 32) auf und fügen zusätzliche Bögen hinzu. Das Ergebnis ist eine Form, die mit ihrer harmonischen Anordnung und den verschlungenen Linien an ein filigranes Schmuckstück erinnert.

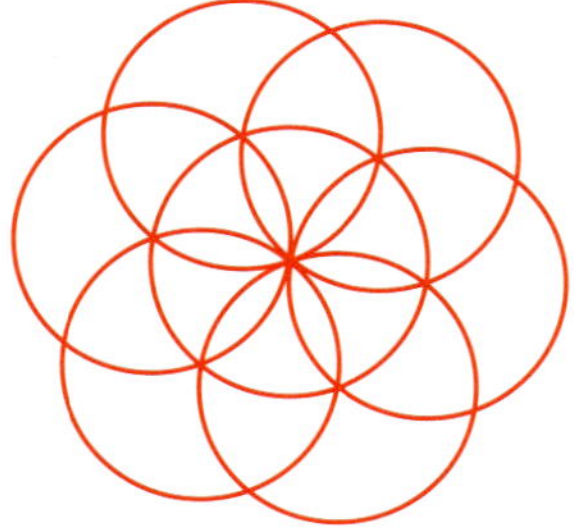

1. Zeichnen Sie die Blume des Lebens ohne Rahmen (Anleitung auf Seite 32, Schritt 1 bis 4).

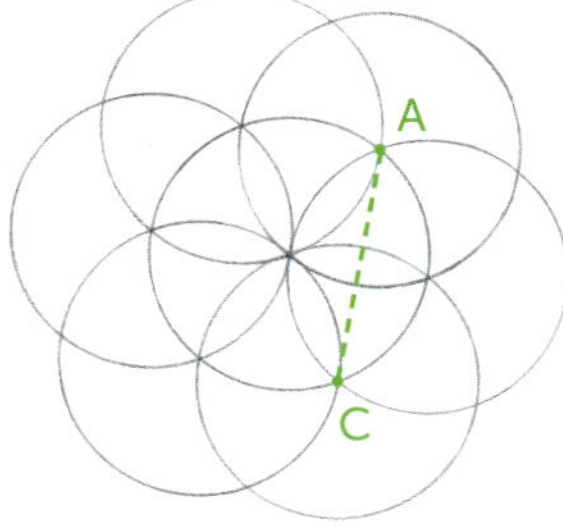

2. Stellen Sie den Zirkel auf den Abstand A–C ein.

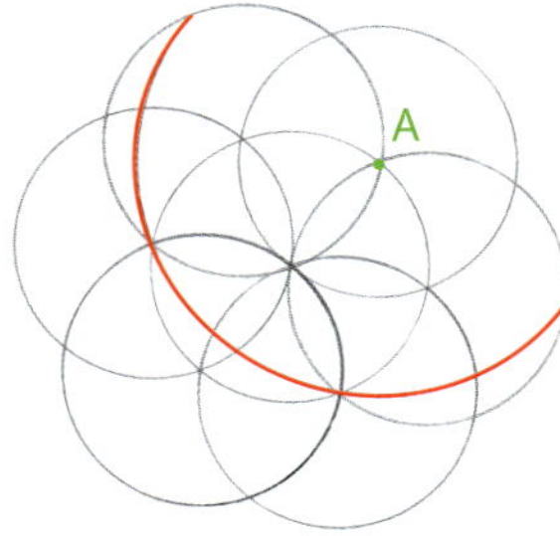

3. Ziehen Sie von Punkt A einen Teilkreis innerhalb der Blume.

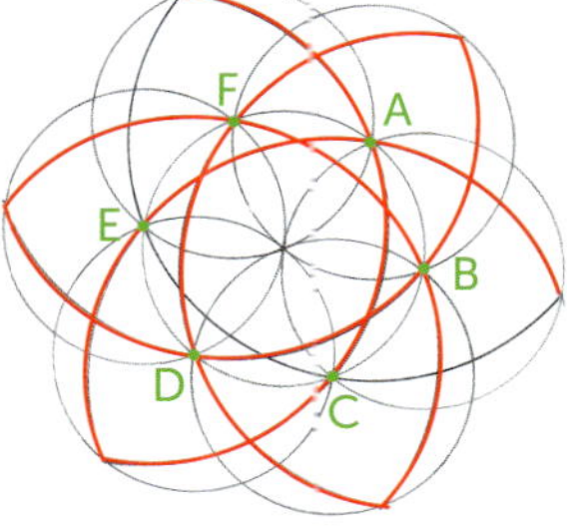

4. Nach dem Prinzip von Schritt 3 ziehen Sie rundherum noch fünf Teilkreise um die Punkte B, C, D sowie E und F, um den Faden zu vervollständigen.

Tipp: In einem großen Format kommt die Seerose schön zur Geltung. Der kleinteilige Faden ist so auch leichter mit Mustern zu füllen.

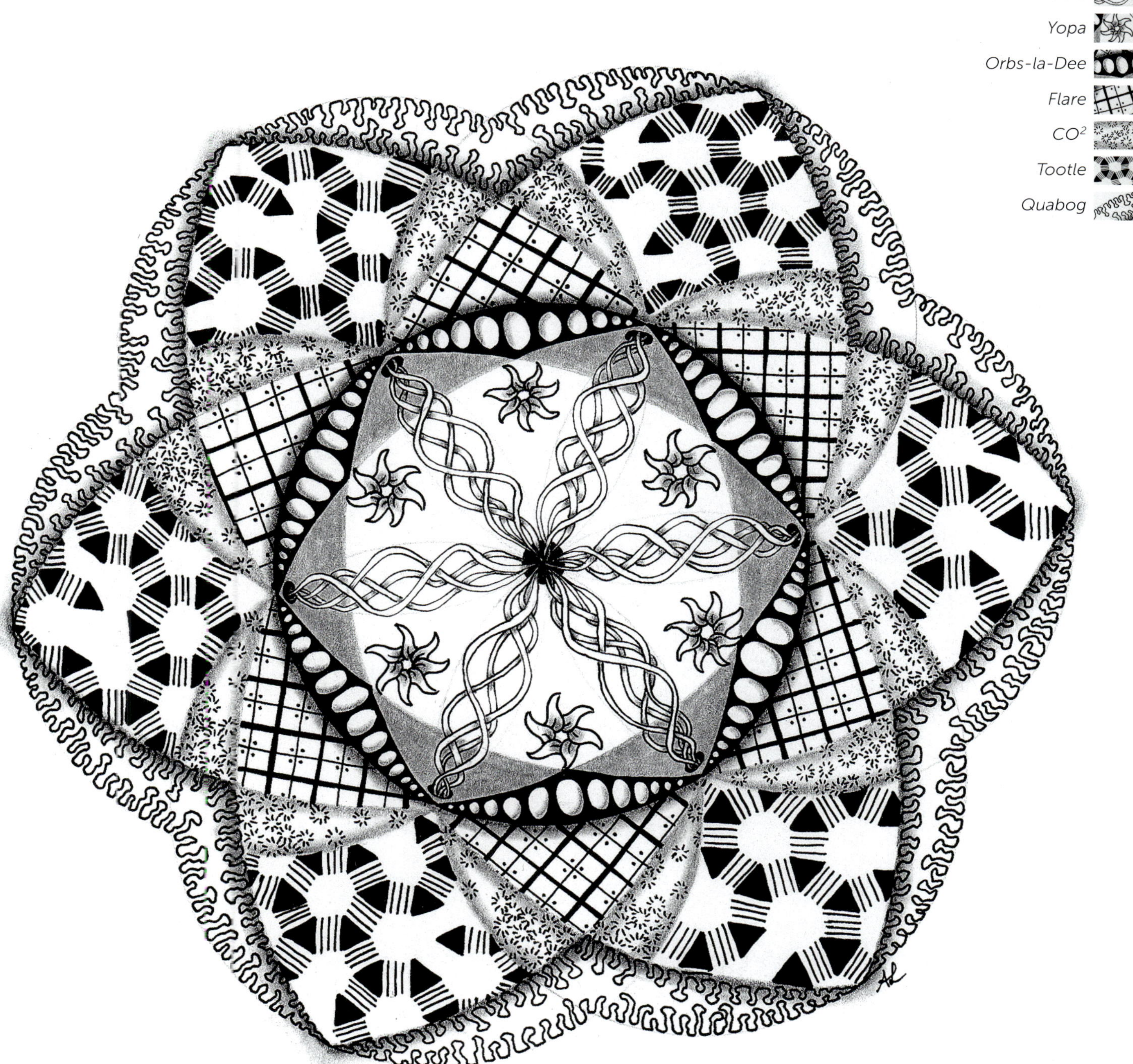
Quib
Yopa
Orbs-la-Dee
Flare
CO^2
Tootle
Quabog

Oktona

Oktona ist einer meiner Lieblingsfäden. Eine Besonderheit ist hier, dass Sie außerhalb des Rahmens noch etwas Platz für die Sternspitzen einplanen müssen. Wieder haben Sie die Wahl zwischen zwei Versionen: einer »sicheren« geometrischen Fassung und einer Variante mit Freihand-Finish, die aussieht wie natürlich gewachsen.

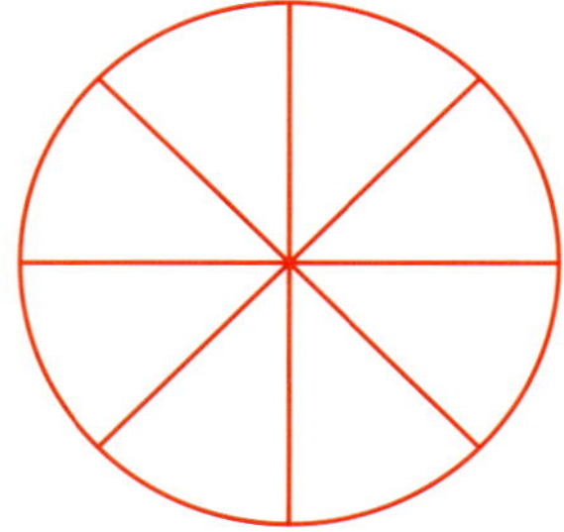

1. Ziehen Sie mit dem Zirkel einen Kreis als Rahmen. Teilen Sie das Zendala mithilfe des Geodreiecks in acht gleiche »Tortenstücke« auf.

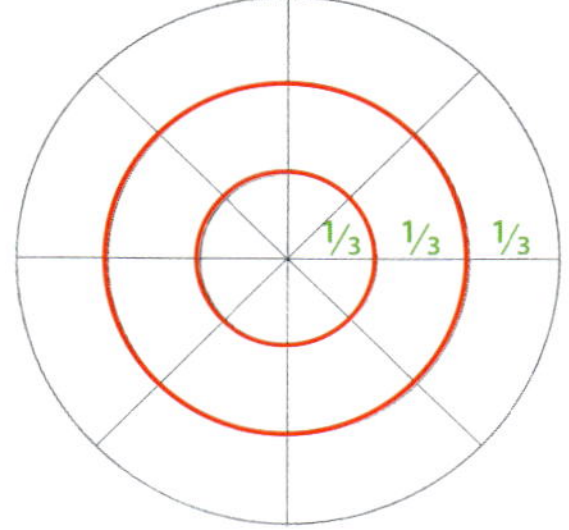

2. Ziehen Sie zwei weitere Kreise um den Mittelpunkt. Die Zirkeleinstellung dafür bestimmen Sie mit dem Geodreieck: ein Drittel des Rahmenradius für den ersten Kreis und zwei Drittel des Rahmenradius für den zweiten.

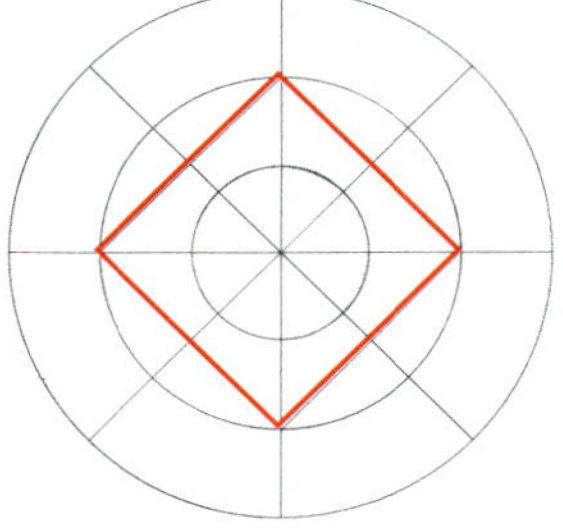

3. Im mittleren Kreis entsteht nun ein Quadrat, indem Sie die Schnittpunkte wie gezeigt verbinden. Es steht auf der Spitze.

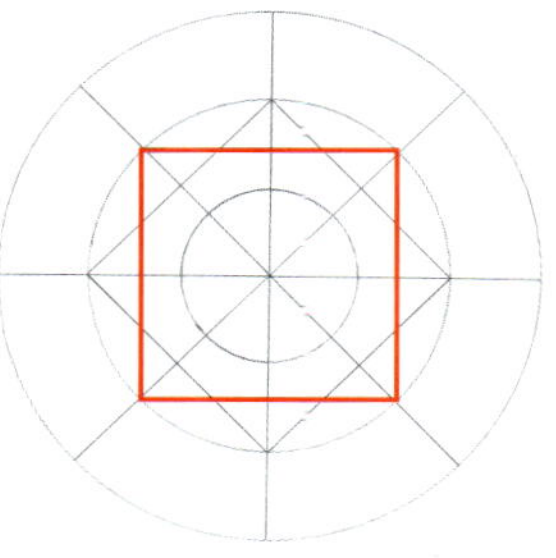

4. Versetzt zum ersten Quadrat zeichnen Sie dann ein zweites.

Tipp: Gerade bei Zendalas ist weniger oft mehr. Lassen Sie beim Tangeln ruhig Felder frei oder wählen Sie zwischendurch leichte, helle Muster.

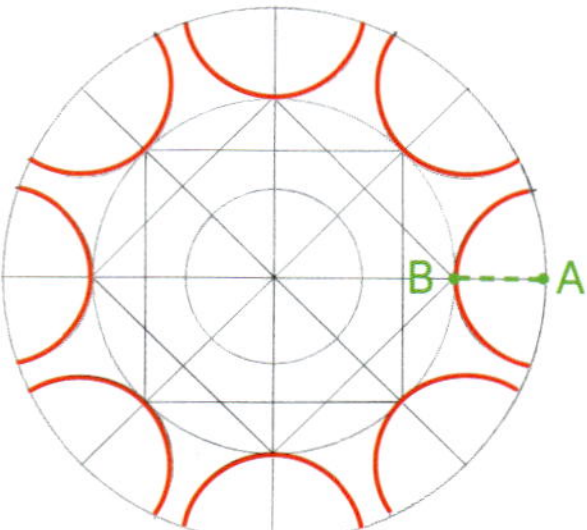

5. Stellen Sie den Zirkel auf den Abstand A–B ein und ziehen Sie einen Halbkreis um Punkt A. Wiederholen Sie diesen Schritt noch sieben Mal ringsherum.

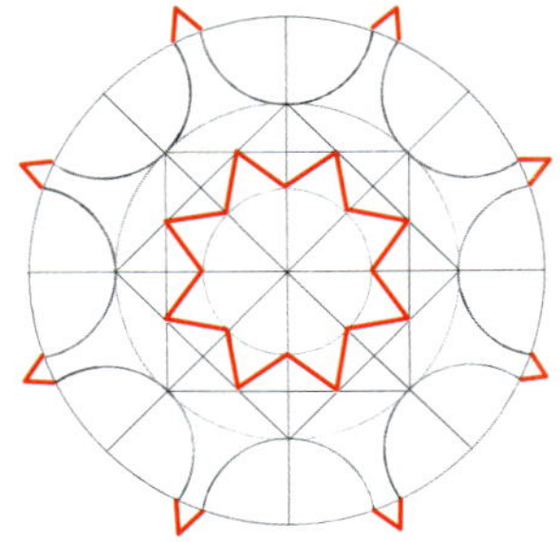

6a. Von den Überschneidungspunkten der Quadrate ziehen Sie nun Linien bis zum Innenkreis – das werden die Zacken des inneren Sterns. Außen schließen Sie das Muster mit kleinen Dreiecken ab.

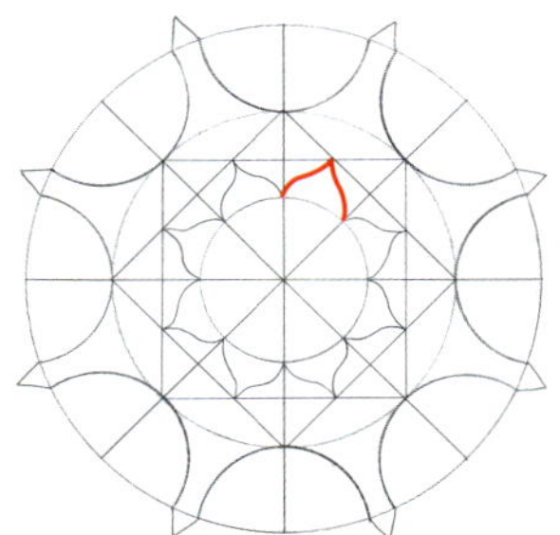

6b. Oder Sie zeichnen an den Überschneidungspunkten ohne Hilfsmittel »Blütenblätter« aus lang gezogenen Schlangenlinien, die immer abwechselnd nach links oder rechts zeigen Vergessen Sie die kleinen Dreiecke außen zum Abschluss nicht!

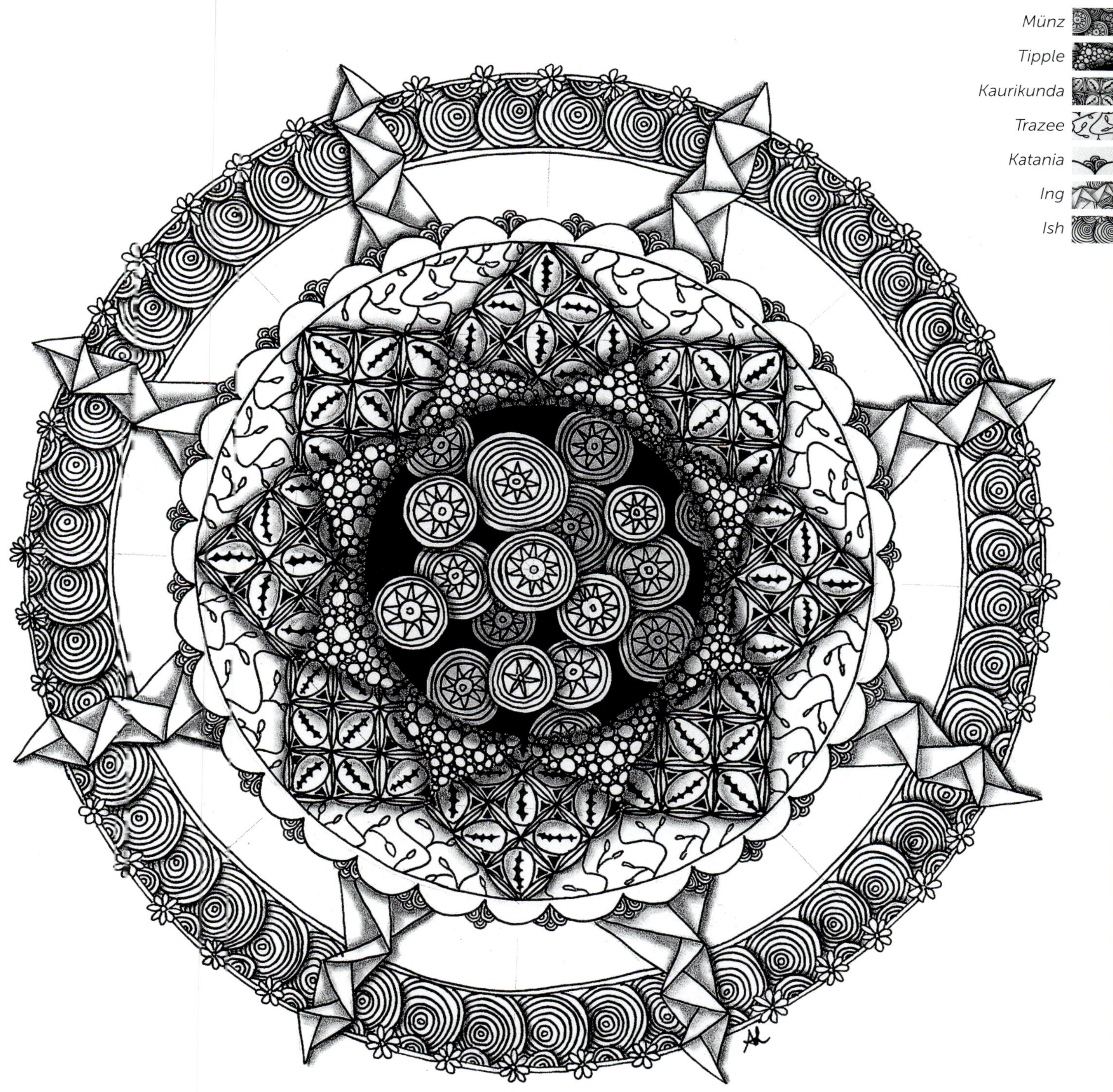
Münz
Tipple
Kaurikunda
Trazee
Katania
Ing
Ish

Rad der Freude

Das Rad der Freude ist ein Zendala für Fortgeschrittene. Das zugrunde liegende Motiv hat eine lange Tradition im tibetischen und ostasiatischen Buddhismus. In meiner Version kombiniere ich es mit dem chinesischen Yin-und-Yang-Symbol. Hier müssen Sie beim Zeichnen des Fadens auch einmal zum Radiergummi greifen. Arbeiten Sie auf einem großen Stück Papier, da sich anfangs schlecht einschätzen lässt, wie groß das Zendala werden wird.

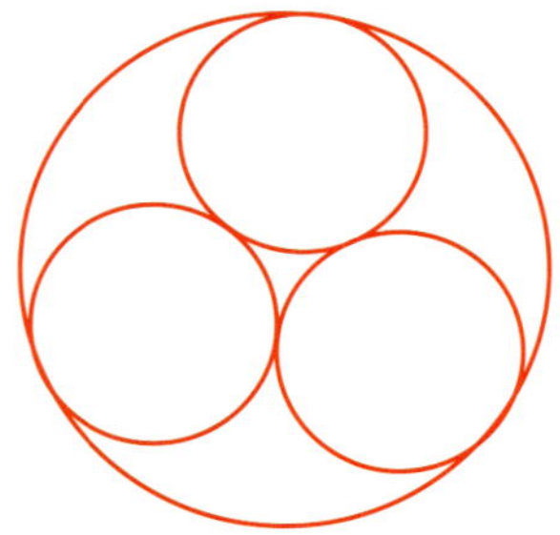

1. Zeichnen Sie mit dem Zirkel zunächst drei gleich große Kreise, die sich berühren. Suchen Sie den Mittelpunkt und ziehen Sie einen Kreis als Rahmen, der die anderen drei Kreise außen exakt umfasst (siehe Tipp).

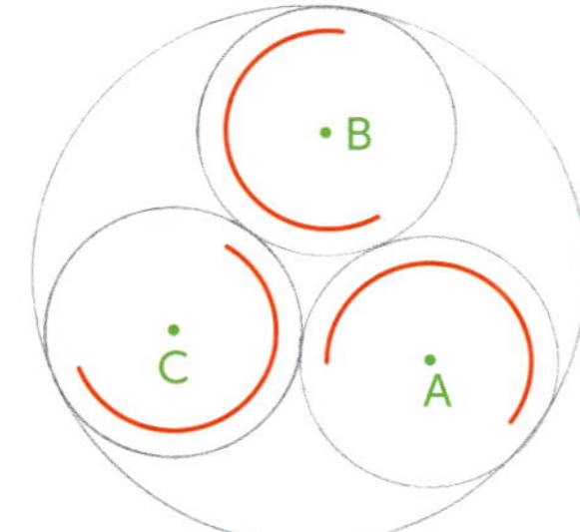

2. Verringern Sie den Zirkelabstand und ziehen Sie wie abgebildet kleinere Teilkreise um die Mittelpunkte der Innenkreise (A, B und C).

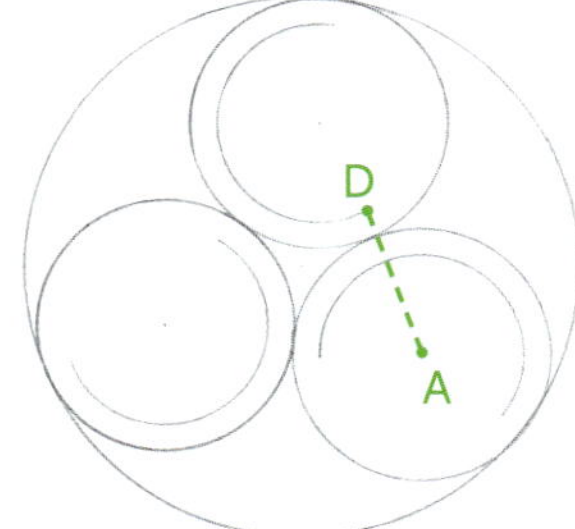

3. Stellen Sie den Zirkel auf den Abstand A–D ein.

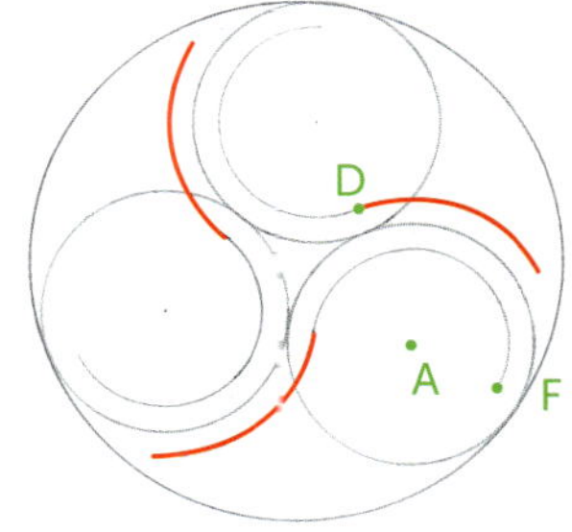

4. Setzen Sie die Nadel des Zirkels auf Punkt A und ziehen Sie mit der neuen Zirkeleinstellung einen Teilkreis von Punkt D bis kurz vor der Außenlinie des Rahmens. Wiederholen Sie diesen Schritt rundherum.

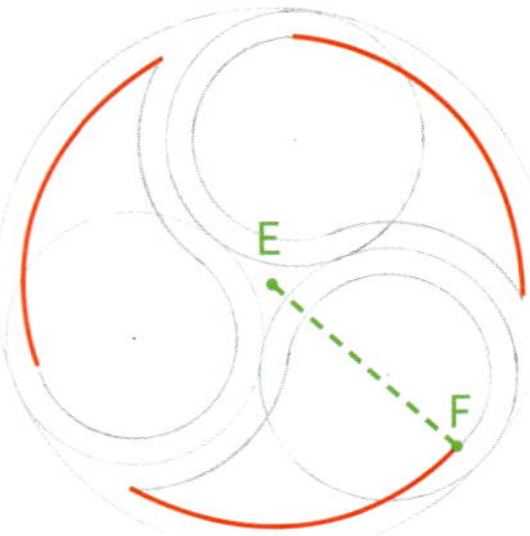

5. Stellen Sie den Zirkelabstand auf die Distanz E–F ein und ziehen Sie um E wie in der Abbildung Teilkreise, bis diese auf die Bogen von Schritt 4 treffen.

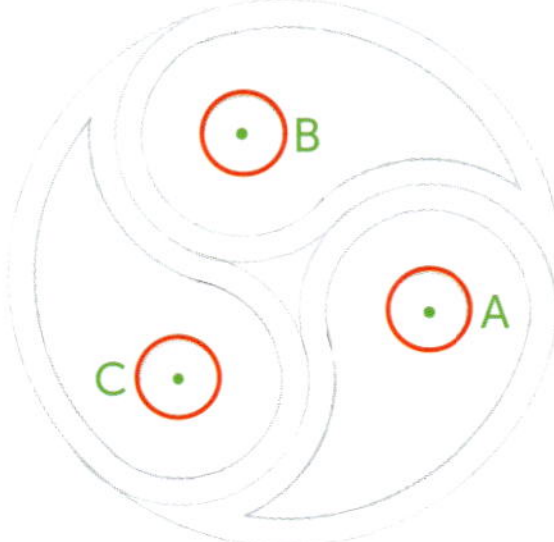

6. Radieren Sie überflüssige Linien aus und ziehen Sie zum Schluss noch kleine Kreise um die Punkte A, B und C.

Tipp: Es gibt ausgeklügelte mathematische Verfahren, um die richtige Lage der drei Kreise und den Mittelpunkt zu ermitteln. Ich empfehle jedoch, einfach so lange mit dem Zirkel herumzuprobieren, bis Sie den richtigen Ansatzpunkt gefunden haben. Es ist gar nicht so schwer.

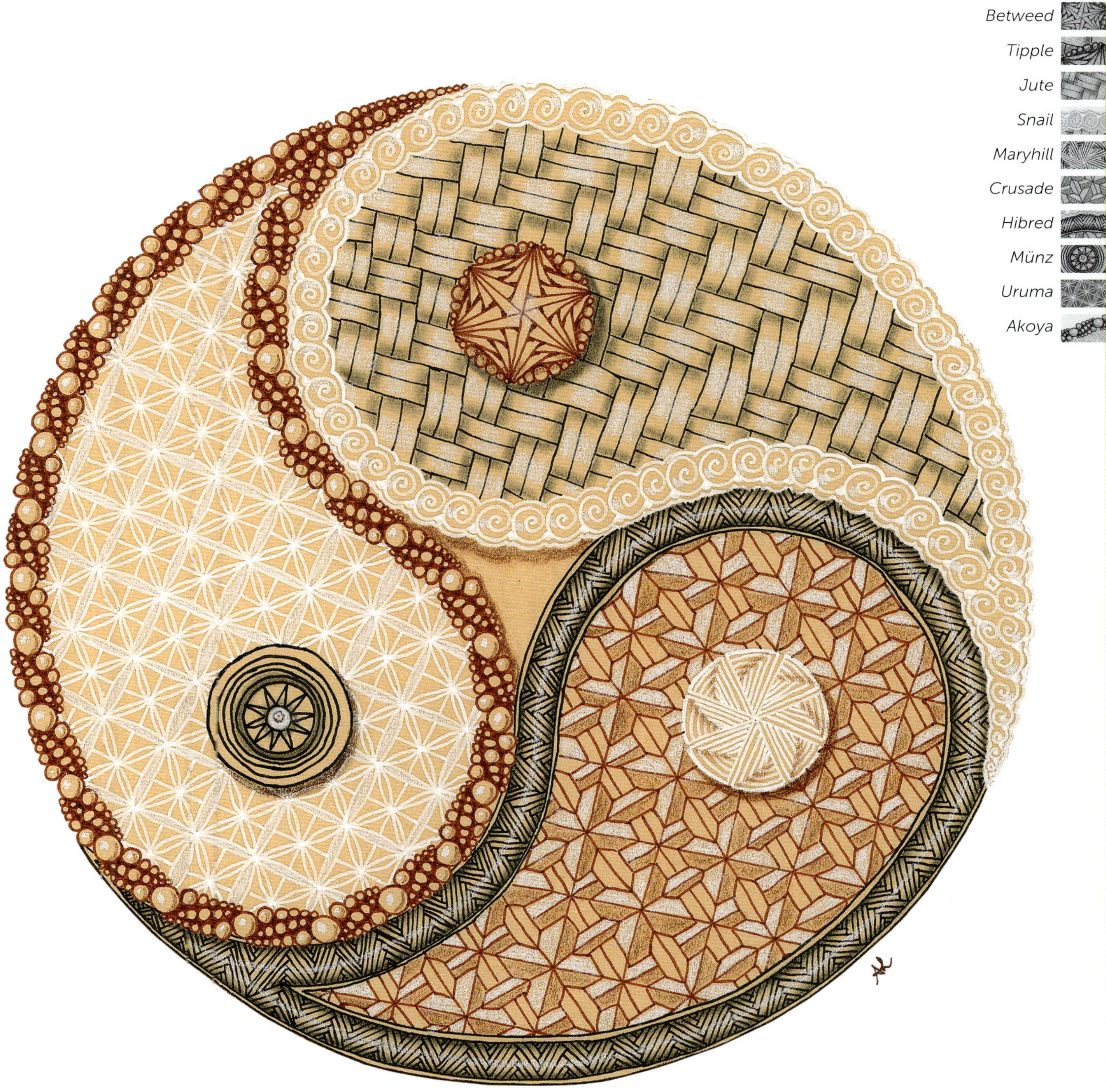
Betweed
Tipple
Jute
Snail
Maryhill
Crusade
Hibred
Münz
Uruma
Akoya

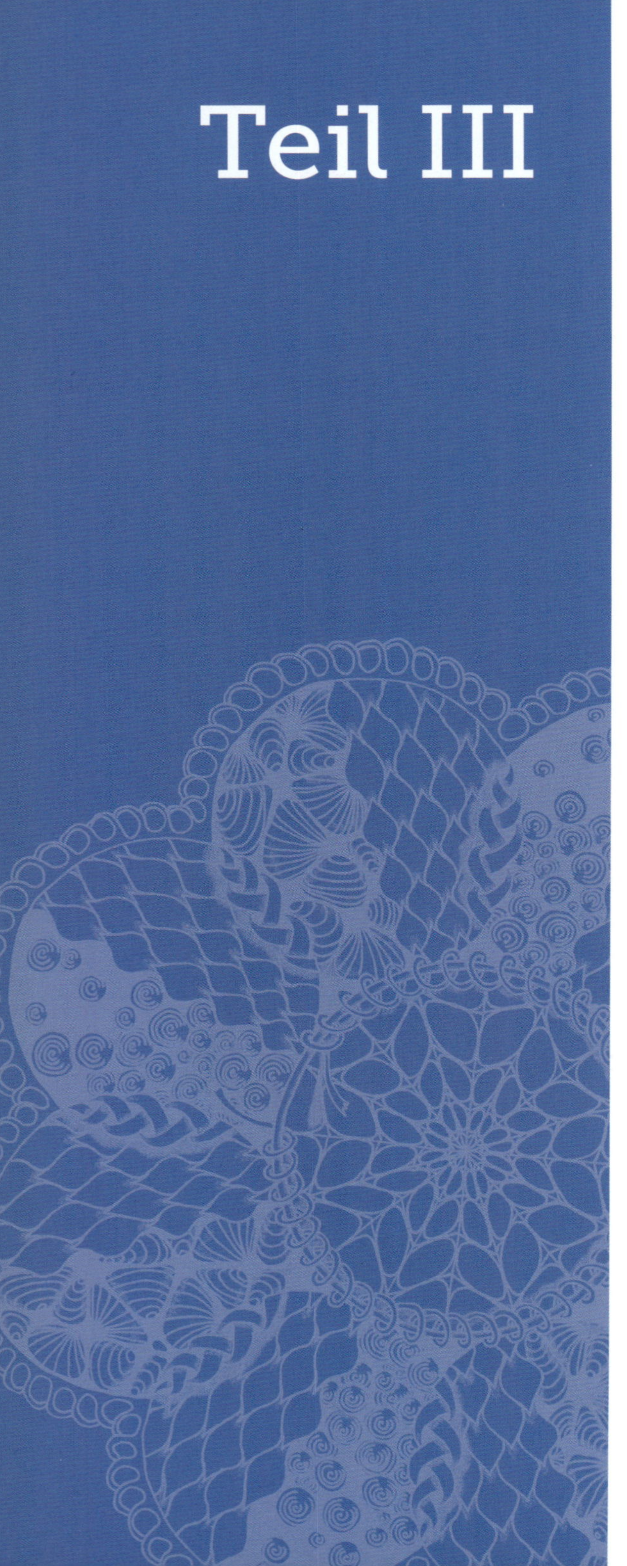

Teil III

Zendalas in Farbe

Zentangle ist vom Prinzip her schwarz-weiß konzipiert, da es beim traditionellen Tangeln hauptsächlich um die meditative Wirkung geht und das Aussehen zweitrangig ist. Wenn Sie sich keine Gedanken über die richtige Farbwahl machen müssen, können Sie unbeschwerter tangeln und der berühmte Zentangle-Flow stellt sich schneller ein.

Allerdings haben vor allem farbige Zendalas ihren ganz eigenen Zauber. Die ausgewogene Kreisform, leuchtende Farben und zarte Zentangle-Muster verschmelzen zu einer Einheit, die nicht nur durch die Muster, sondern auch durch die Farben oft tief gehende Eindrücke in uns hinterlässt.

Um ein gelungenes Farb-Zendala zu gestalten, ist es hilfreich, einige Grundlagen zu kennen. Sie können zwar, wenn Sie mit einem farbigen Fineliner einfach drauflostangeln, mitunter auch hübsche Ergebnisse erzielen. Mit einem bewusst komponierten schönen Farbklang lässt sich jedoch eine bestimmte Wirkung erreichen. Dabei möchte ich Sie in diesem Kapitel unterstützen. Zur Inspiration zeige ich Ihnen schließlich eine Reihe fertiger Zendalas, in denen ich mit Farben gearbeitet habe. Die jeweils verwendete Technik finden Sie am Ende des Buches (Seite 94).

Tipp: Theoretisch könnten Sie nur mit den drei Grundfarben arbeiten und alle weiteren Töne daraus mischen. In der Praxis hat sich jedoch gezeigt, dass gelungenere Ergebnisse entstehen, wenn Sie sich auch die Zweitfarben einzeln zulegen. Vor allem ein schönes Violett ist schwer zu mischen!

Farbkreis und Farbwirkung

Wenn Sie Farben benutzen, müssen Sie viel mehr Entscheidungen treffen als beim Tangeln in Schwarz-Weiß. Unter anderem stellt sich die Frage, welche Farben Sie wählen sollen. Die folgenden Hinweise sind für Ihre Entscheidung sicher aufschlussreich.

Es gibt drei **Grundfarben (Primärfarben)**: Rot, Gelb und Blau. Primärfarben lassen sich nicht aus anderen Farben mischen, aber alle weiteren Farbtöne leiten sich aus ihnen ab.

Wenn Sie Rot und Gelb mischen, erhalten Sie Orange. Gelb und Blau ergeben zusammen Grün. Und aus Blau und Rot wird Violett. Die Farbtöne, die durch das Mischen von zwei Primärfarben entstehen, nennen sich **Zweitfarben (Sekundärfarben)**. Der Farbkreis stellt diese Mischungen bildlich dar. Zwischen einer Primärfarbe und einer Sekundärfarbe liegen im Farbkreis noch die Mitteltöne, sogenannte **Tertiärfarben**, die sich wiederum aus der Mischung einer Primär- mit einer Sekundärfarbe ergeben – zum Beispiel ein frisches Gelbgrün als Kombination aus Grün und Gelb.

Durch die gezielte Verwendung von Farben können Sie beim Betrachter unterschiedliche Gefühle auslösen. Wenn Sie mit Ihrem Zendala ein stimmiges, ruhiges Gesamtbild gestalten möchten, sollten Sie darauf achten, Farben zu verwenden, die auf demselben Drittel des Farbkreises liegen, ausgehend vom Zwölf-Uhr-Punkt. Diese **benachbarten Farben** harmonieren immer miteinander.

Farben, die sich im Farbkreis gegenüberliegen, nennt man **Komplementärfarben**. Wenn Sie zwei Komplementärfarben nebeneinandersetzen, intensivieren und ergänzen sie sich. Nach dem Motto »Gegensätze ziehen sich an« wirkt zum Beispiel Blau neben einem Orangeton viel leuchtender als in einer grünen Umgebung. Allerdings kann diese Kombination auch schnell schrill wirken.

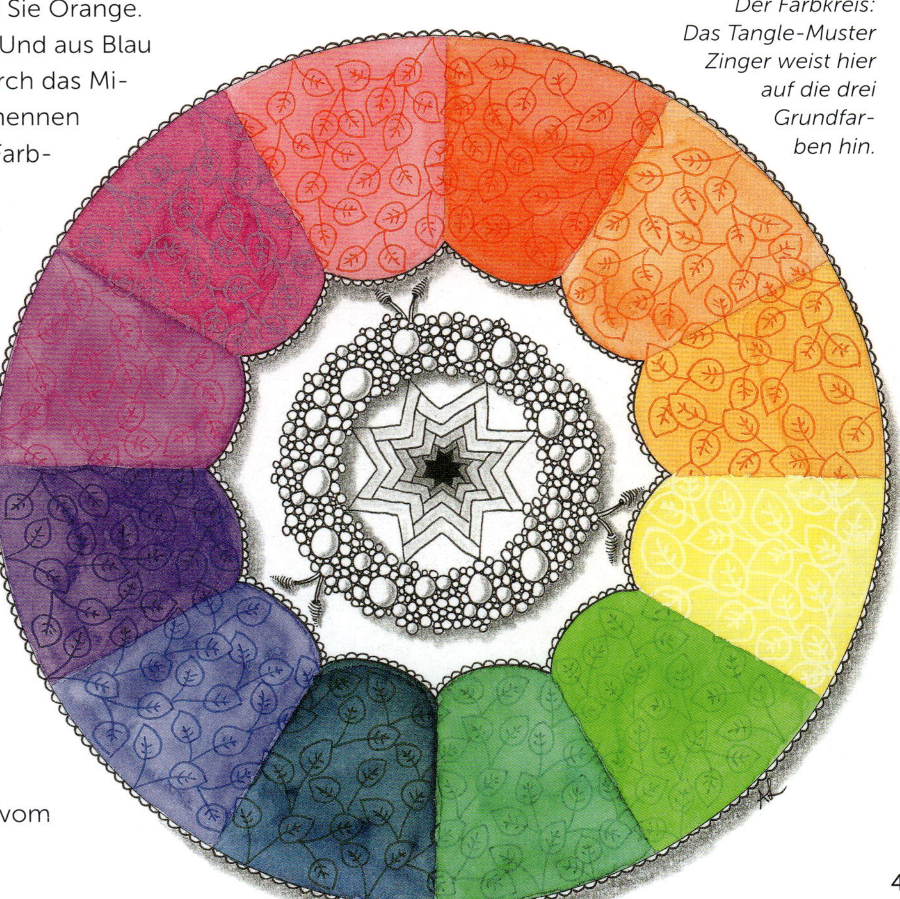

Der Farbkreis: Das Tangle-Muster Zinger weist hier auf die drei Grundfarben hin.

FARBSYMBOLIK

Rot wirkt anregend, kraftvoll und warm.

Orange wirkt warm und freundlich.

Gelb symbolisiert die Sonne und wirkt daher stimmungsaufhellend.

Grün steht als Farbe der Pflanzen für Kraft, Energie und Frische.

Blau wirkt beruhigend und kühl.

Violett hat eine beruhigende und geheimnisvolle Ausstrahlung.

Verstehen Sie diese Regeln nur als eine Anregung. Sie sind frei, die Farben zu wählen, die am besten Ihrer Stimmung oder Ihrem Lebensgefühl jetzt in diesem Augenblick entsprechen.

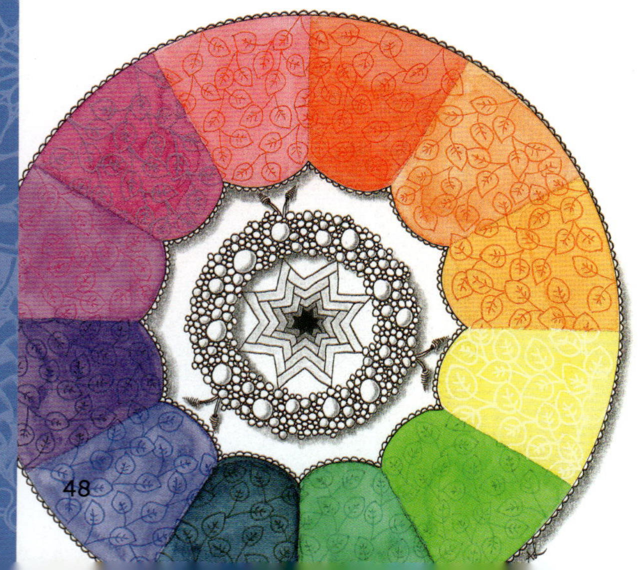

Techniken für das Tangeln in Bunt

Beim farbigen Tangeln haben Sie grundsätzlich zwei Möglichkeiten: Zum einen können Sie die Muster mit Schwarz zeichnen und die Farben nur im Hintergrund einbringen. Das ist die einfachere Methode, die schnell zu schönen Ergebnissen führt. Die zweite Möglichkeit ist das Tangeln mit farbigen Finelinern oder Gelstiften. Eine Grundregel, die Sie bei der Farbgestaltung im Kopf haben sollten, ist, dass benachbarte Farben am harmonischsten wirken.

KLEINES EINMALEINS FÜR FARBKOMBINATIONEN

- Verwenden Sie für das Tangeln eine Farbe, die dem Untergrund möglichst ähnlich ist. Auf einem pinkfarbenen Hintergrund kommen zum Beispiel Tangles in Pink (heller oder dunkler als der Grund), Dunkelrot oder einem hellen Violett gut zur Geltung.
- Silbertöne sehen auf einem blauen Hintergrund wunderschön aus, das Gleiche gilt für Goldtöne auf Orange.
- Blaue Tangles auf einem roten Hintergrund wirken oft unruhig und aggressiv.

Um besser einschätzen zu können, welche Stiftfarbe zu welchem Hintergrund passt, ist es hilfreich, die Kombination vorher zu testen. Malen Sie sich dazu verschiedene Farben auf ein Schmierpapier und probieren Sie dann einfach unterschiedliche Tangle-Stifte auf den Farbflächen aus.

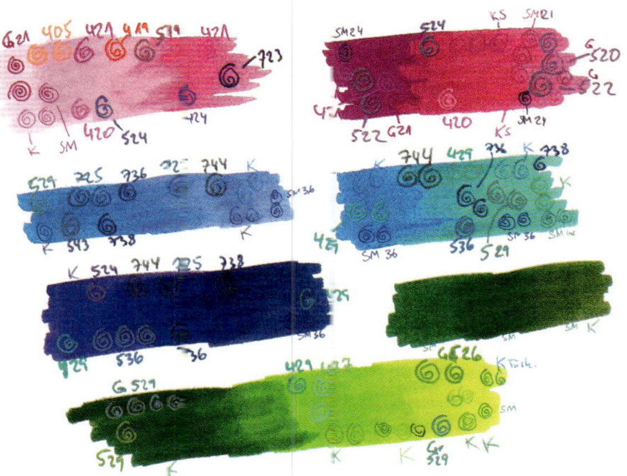

Bei mir sehen Farbproben zum Beispiel so aus.

Beim Schattieren farbiger Tangles sollten Sie darauf achten, ähnliche Farben wie im Hintergrund zu verwenden. Am einfachsten schattiert es sich mit Buntstiften und einem Papierwischer. Zuletzt setzen Sie dann eventuell noch Highlights in Weiß hinzu.

Ein Muss: gutes Papier

Alle hier gezeigten Techniken stehen und fallen mit der Wahl des geeigneten Papiers. Manche Techniken funktionieren gut auf Zentangle-Kacheln, andere besser auf Aquarellpapier oder Bristolkarton (siehe auch Materialübersicht auf Seite 10).

Grundsätzlich sollten Sie sich darüber im Klaren sein, dass es bei einem Papiertyp von Marke zu Marke oft erhebliche Qualitätsunterschiede gibt. Und dass es auf normalem Schreibpapier fast unmöglich ist, schöne Farbverläufe mit Filz- und Gelstiften zu malen. Probieren Sie die Technik, die Sie anwenden wollen, also unbedingt auf verschiedenen Papiersorten aus – am besten noch vor dem Kauf. In vielen Fachgeschäften für Künstlerbedarf können Sie zu diesem Zweck Probeblätter bekommen.

Tipp: Probieren Sie Farbtechniken immer auf einem leeren Blatt aus, bevor Sie sich an Ihr Zendala wagen.

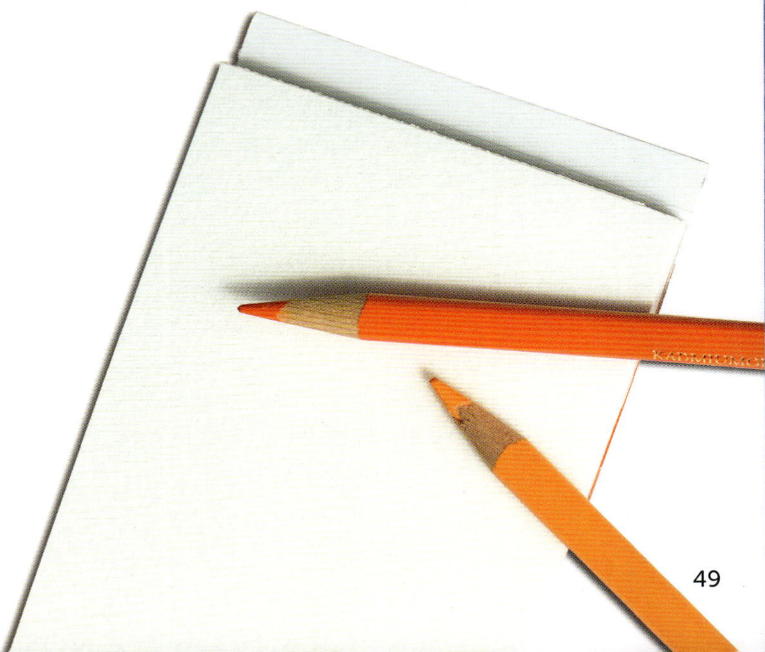

Farbverläufe mit Buntstiften

SIE BENÖTIGEN:

- festes Papier oder Zendala-Kacheln
- hochwertige Buntstifte in drei möglichst ähnlichen Farbtönen
- Babyöl in einem Schraubglas und den Papierwischer oder einen weißen Aquarellstift

Als Erstes möchte ich Ihnen die wunderbar einfache, wenn auch etwas zeitaufwendige Methode vorstellen, mit Buntstiften weiche Farbübergänge zu zeichnen. Die Buntstifttechnik braucht etwas Übung, dafür haben Sie das Ergebnis immer im Griff und werden mit einem meditativen Zeichenprozess belohnt.

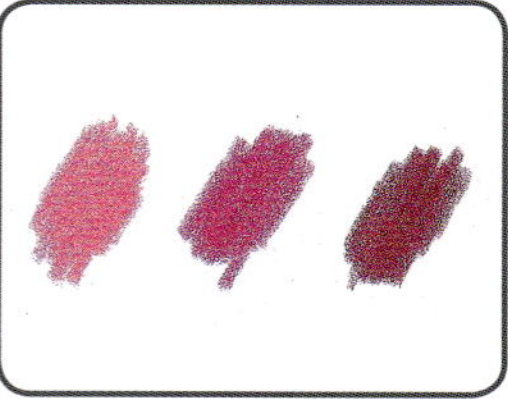

Drei Buntstifttöne zum Schattieren (hier: Faber-Castell Polychromos 129, 125 und 133)

Betangeln Sie Ihr Zendala zuerst mit Finelinern. Danach verwenden Sie die Buntstifte für den Hintergrund sowie die Schattierungen. Sie brauchen drei sehr ähnliche Farben, und zwar in einer hellen, einer mittleren und einer dunklen Variante. Ersatzweise können Sie auch mit zwei Stiften auskommen (oder sogar nur mit einem), indem Sie bei jedem Schritt immer etwas fester aufdrücken. Je spitzer die Stifte sind, desto feiner werden die Farbübergänge. Die Schattierungen geben den einzelnen Elementen dann einen schön plastischen Effekt.

So schattieren Sie mit Buntstiften:

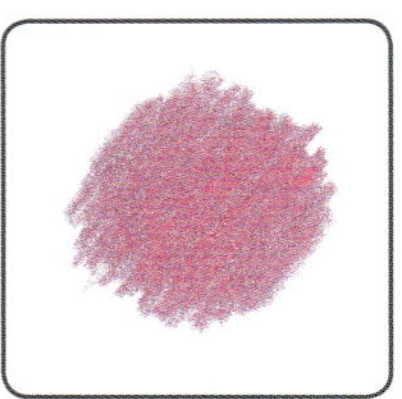

1. Beginnen Sie mit der hellsten Farbe. Schraffieren Sie die Fläche gleichmäßig.

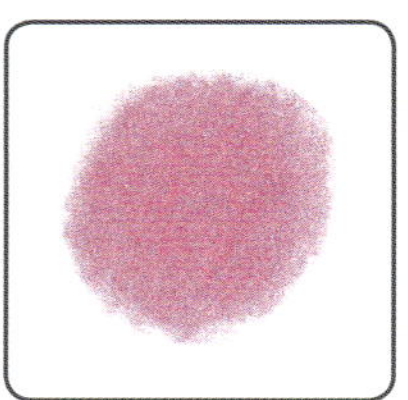

2. Tauchen Sie den Papierwischer in das Babyöl und verreiben Sie die Farbe mit kreisenden Bewegungen. Wahlweise können Sie die Fläche mit einem weißen Aquarellstift vereinheitlichen.

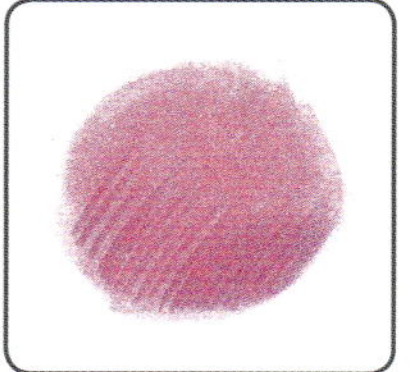

3. Schraffieren Sie mit dem mittleren Farbton über einen Teil der hellen Fläche. Den Stift dabei jeweils unten im Kreis aufsetzen und dann schnell aus dem Handgelenk nach oben ziehen.

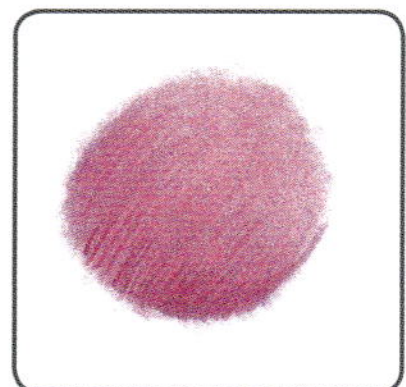

4. Wiederholen Sie Schritt 3 mit dem dunkelsten Farbton. Zeichnen Sie die Striche nun deutlich kürzer.

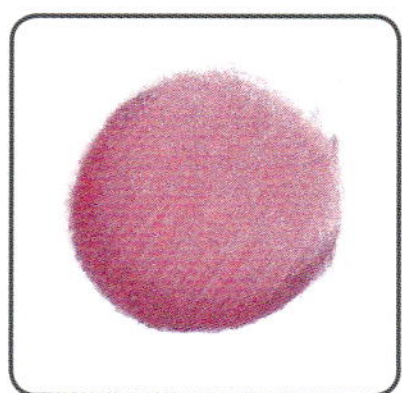

5. Verwischen Sie die Schattenränder zum Schluss mit den helleren Stiften oder noch einmal mit dem Papierwischer und Babyöl, um die Übergänge weicher zu machen.

Tipp: Verwenden Sie nicht zu viel Babyöl, sonst hinterlässt das Öl Fettspuren auf dem Papier. Statt Öl können Sie auch Terpentinersatz nehmen. Verschließen Sie den Terpentinbehälter nach Gebrauch sofort wieder, damit Sie die schädlichen Dämpfe nicht einatmen.

Farbgestaltung mit Filzstiften

SIE BENÖTIGEN:

- Aquarellpapier, Bristolkarton oder Zentangle-Kacheln
- Pinsel-Filzstifte oder herkömmliche Filzstifte auf Wasserbasis
- eine Mischpalette (ersatzweise ebenso gut: eine alte CD oder stabile Kunststofffolie)
- einen Pinsel mit Wassertank oder einen normalen Pinsel mit separatem Wasserbehältnis

Seit einiger Zeit gibt es im Handel spezielle Aquarellfilzstifte. Mit diesen Pinsel-Filzstiften (siehe Materialtipps auf Seite 10) können Sie herrlich leuchtende Farbverläufe gestalten. Herkömmliche Filzstifte auf Wasserbasis eignen sich dafür auch, allerdings je nach Marke unterschiedlich gut. Als Zeichengrund empfehle ich Ihnen Aquarellpapier, auf dem Sie die Farbe auch ohne Palette schön mit Wasser verdünnen können. Bitte beachten Sie, dass ein solches »Vermalen« auf normalem Schreibpapier unter Umständen überhaupt nicht funktioniert.

Direkter Farbauftrag

Bei dieser Technik arbeiten Sie direkt mit Filzstiften auf Papier. Der Farbauftrag ist intensiv – vor allem, wenn Sie die Farbe nicht mit Wasser verdünnen – und eignet sich daher sehr gut für das Ausmalen des Zendalas *vor* dem Tangeln.

So mischen Sie zwei Filzstiftfarben:

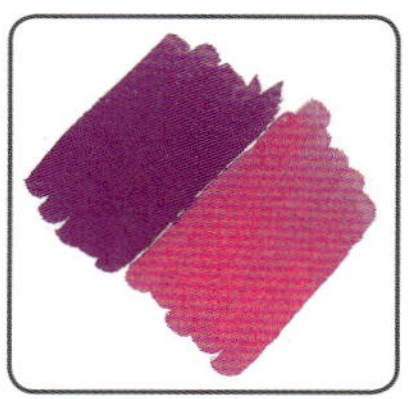

1. Verwenden Sie zwei ähnliche (z. B. auf dem Farbkreis benachbarte) Farben. Malen Sie die beiden Farben direkt nebeneinander.

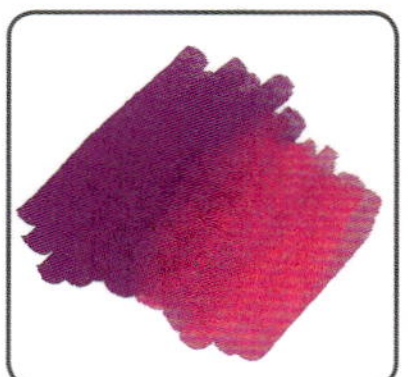

2. Gehen Sie mit der helleren Farbe sofort in kreisenden Bewegungen über die Farbgrenze hinaus, sodass ein weicher Übergang entsteht. Reinigen Sie den Stift dabei ab und zu auf einem Schmierpapier.

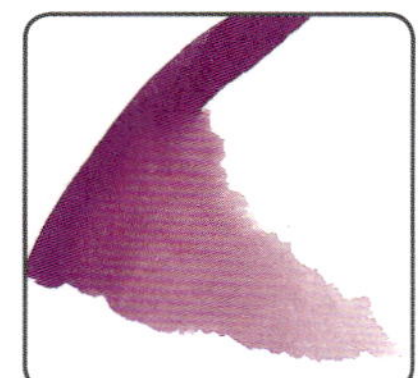

3. Wasserlösliche Filzstiftfarbe lässt sich außerdem vermalen, um einen Hell-Dunkel-Verlauf zu kreieren. Dafür nehmen Sie den feuchten, aber nicht zu nassen Pinsel und ziehen die Farbe sofort nach dem Auftrag in einen angrenzenden Bereich hinein.

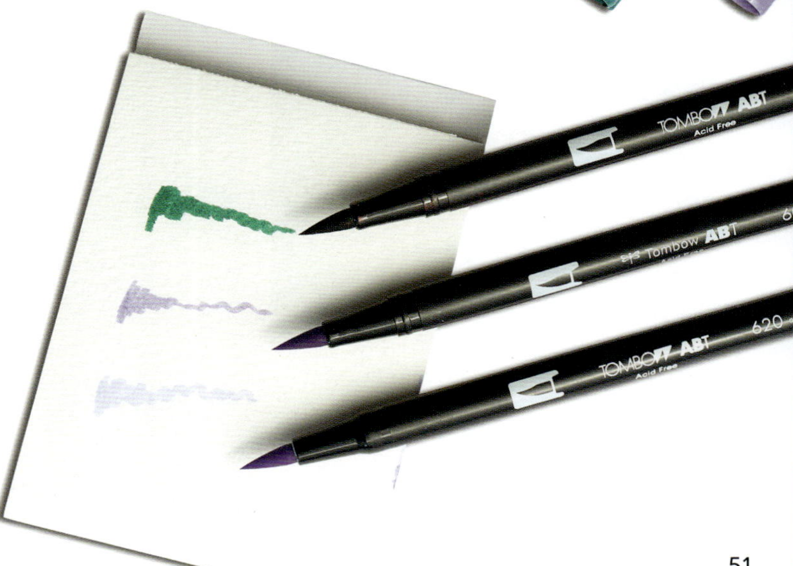

Indirekter Farbauftrag

Beim indirekten Farbauftrag berühren Sie Ihr Bild nicht mit dem Filzstift, sondern übertragen die Filzstiftfarbe von einer Palette aufs Papier. Der große Vorteil dabei ist, dass Sie die Farben auf der Palette vorher mischen können. So stehen Ihnen immer neue Farbtöne zur Verfügung! Da dieser Farbauftrag meist wesentlich heller wirkt als der direkte, können Sie auch nach dem Tangeln noch Farbe zu Ihrem Zendala hinzufügen.

So übertragen Sie Filzstiftfarbe mit dem Pinsel:

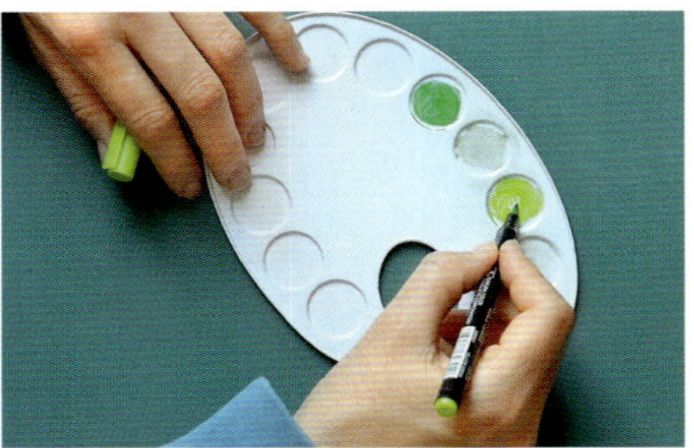

1. Geben Sie mit dem Filzstift ein wenig Farbe auf die Palette.

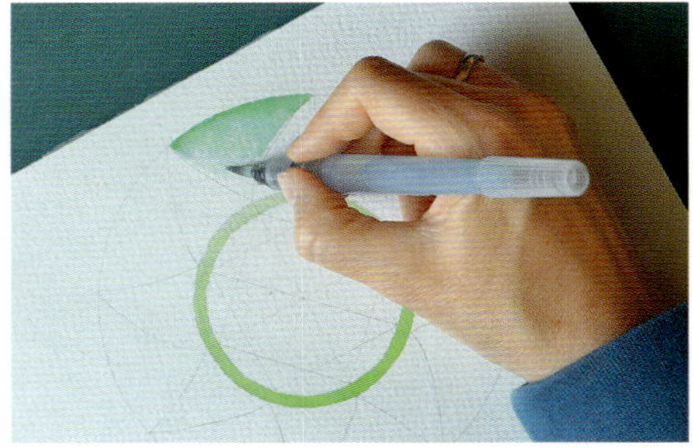

2. Tauchen Sie den leicht feuchten Pinsel in die Farbe und tragen Sie sie auf Ihr Bild auf. Je nasser die Pinselborsten sind, desto heller erscheint die Farbe hinterher.

Hintergründe mit Aquarellfarben

SIE BENÖTIGEN:

- Aquarellpapier (nicht zu rau)
- Aquarellfarben und ggf. eine Mischpalette
- einen Pinsel mit Wassertank oder einen normalen Pinsel mit separatem Wasserbehältnis

Aquarellfarben verlaufen sanft ineinander, wenn Sie sie auf einen feuchten Untergrund auftragen. Auf trockenem Papier können Sie das Ergebnis besser steuern. Für das Malen mit Aquarellfarben sollten Sie unbedingt spezielles Aquarellpapier verwenden, da sich anderes Papier beim Kontakt mit Wasser stark wellt. Außerdem hat Aquarellpapier eine Beschichtung, die ein allzu schnelles Trocknen der Farbe verhindert.

Die Aquarelltechnik eignet sich vor allem für einen Hintergrund vor dem Tangeln mit schwarzem Fineliner. Es kann sehr reizvoll sein, wenn Sie das gesamte Papier mit Farbverläufen bemalen, bevor Sie den Faden zeichnen. Wenn Sie Ihr Zendala fertiggetangelt haben, können Sie dann entweder mit Aquarellfarben oder mit Buntstiften Schatten hinzufügen.

Nass-auf-trocken-Technik

Zunächst einmal können Sie die Aquarellfarbe einfach mit dem feuchten Pinsel aufnehmen und sie auf das trockene Papier auftragen. Bedenken Sie, dass die Farbe je nach Papiersorte schnell antrocknet und Ränder hinterlässt – was aber durchaus auch interessant aussehen kann. Neue Farbtöne mischen Sie sich vor dem Auftrag auf das Papier.

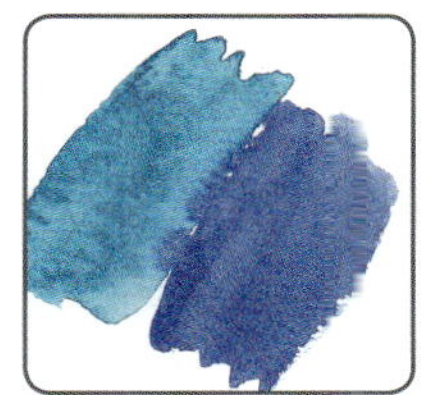

Aquarellfarbe auf trockenem Papier

Nass-in-nass-Technik

Bei dieser Technik feuchten Sie das Papier vor dem Farbauftrag mit Wasser an. Wenn Sie auf feuchtem Grund malen, verteilt sich die Farbe stärker und einzelne Farben laufen ineinander. Diese Verläufe können Sie kaum steuern, dafür werden Sie aber mit überraschenden und spannenden Effekten belohnt. Arbeiten Sie zügig, damit das Papier nicht trocknet.

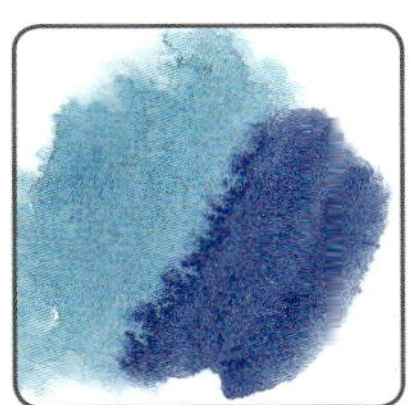

Aquarellfarbe auf angefeuchtetem Papier

Akzente mit farbigen Gelstiften

SIE BENÖTIGEN:

- Aquarellpapier oder Zendala-Kacheln
- Gelstifte
- einen Pinsel mit Wassertank oder einen normalen Pinsel mit separatem Wasserbehältnis

Diese Technik ist ideal, um einzelne Elemente Ihres Zendalas farbig zu betonen. Setzen Sie solche Akzente in einige, aber nicht in alle Flächen Ihres Zendalas. Größere Flächen färben Sie generell besser mit Buntstiften, Filzstiften oder Aquarellfarben.

Wenn Sie kleinere Farbverläufe mit Gelstiften gestalten wollen, ist Aquarellpapier als Zeichengrund die erste Wahl; Zendala-Kacheln sind zu einem gewissen Grad auch gut geeignet. Bedenken Sie aber, dass diese Technik nicht mit allen Arten von Gelstiften funktioniert. Probieren Sie die Stifte also vorher aus – am besten vor dem Kauf!
Arbeiten Sie bei dieser Technik unbedingt zügig!

Tipp: Die besten Ergebnisse erziele ich mit Gelstiften von Sakura, vor allem mit Gelly Roll® Moonlight® (Neoneffekt), Gelly Roll® Stardust® (Glitzereffekt) und Gelly Roll® Metallic™ (metallischer Glanz). Bezugsquellen finden Sie auf Seite 13.

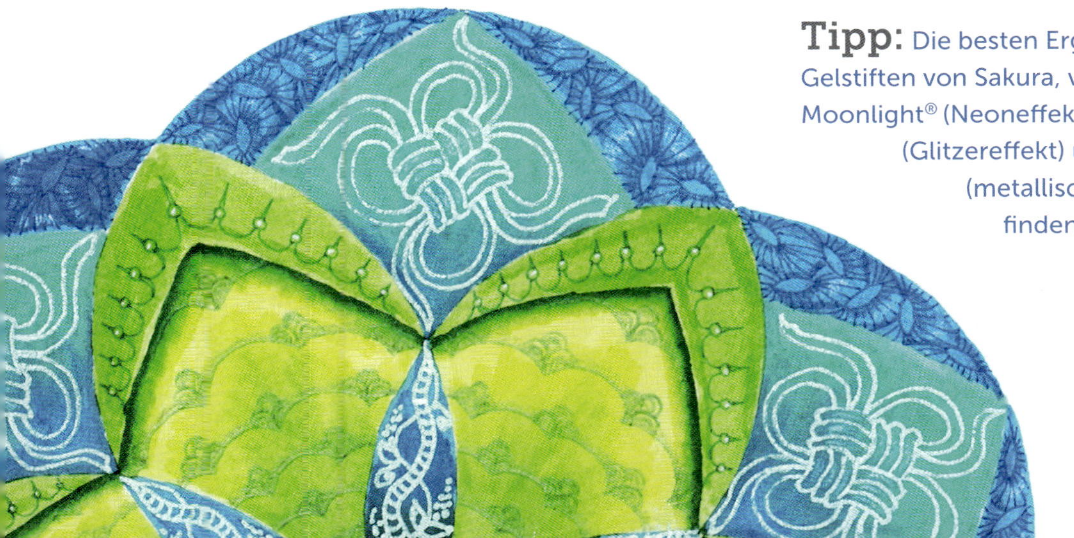

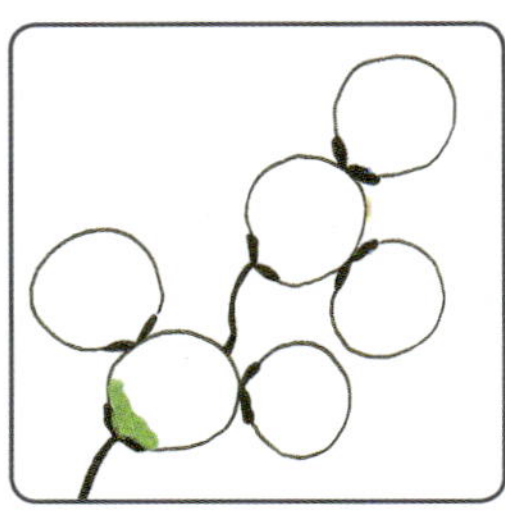

So gestalten Sie mit dem Gelstift einen Hell-Dunkel-Verlauf:

1. Zeichnen Sie mit Finelinern einige Muster mit größeren Freiflächen, die sich gut füllen lassen. Setzen Sie ein wenig Gelfarbe an den Rand eines Feldes.

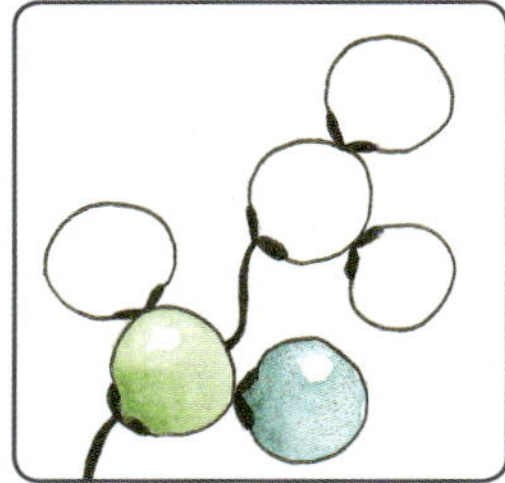

2. Nehmen Sie sofort den feuchten Pinsel und ziehen Sie die Farbe in den Rest des Feldes (wie bei der Filzstifttechnik, siehe Seite 51).

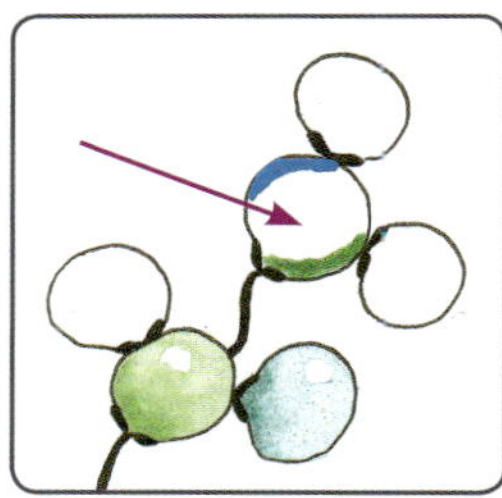

So lassen Sie zwei Gelfarben ineinander übergehen:

1. Tragen Sie zwei Gelfarben, am besten benachbarte Töne, zügig nacheinander an gegenüberliegenden Rändern eines Feldes auf. Die beiden Farben berühren sich nicht.

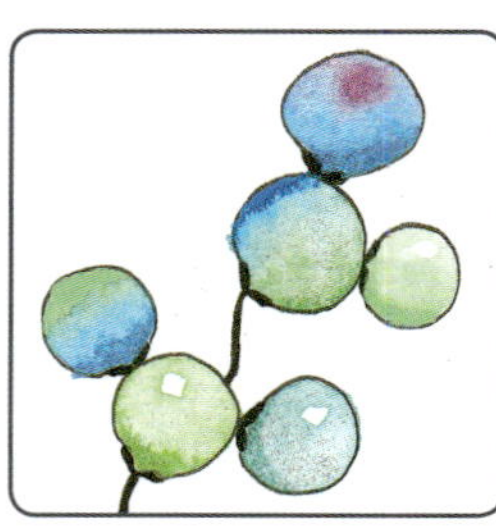

2. Ziehen Sie die Farben mit dem leicht feuchten Pinsel ineinander. Streichen Sie den Pinsel dabei kurz auf einem anderen Blatt ab, bevor er die zweite Farbe berührt. Vermalen Sie die Farbgrenze noch einmal zusätzlich, um den Farbübergang weicher zu gestalten.

Tipp: Wenn sich ein Gelstift auf Ihrem Papier nicht gut vermalen lässt, versuchen Sie einmal, die betreffenden Flächen vor dem Malen leicht anzufeuchten.

Geborgenheit

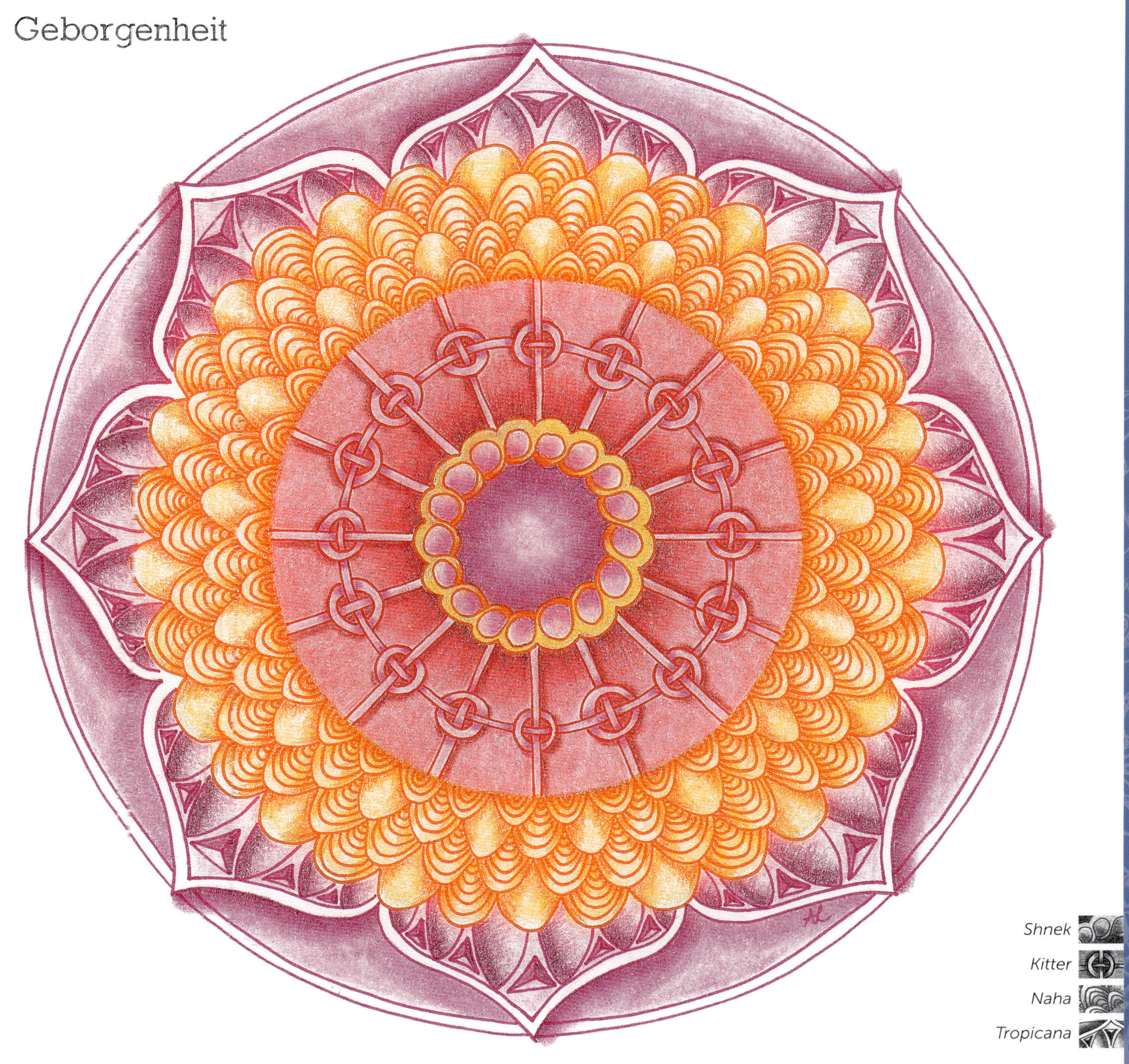

Shnek
Kitter
Naha
Tropicana

Tranquility

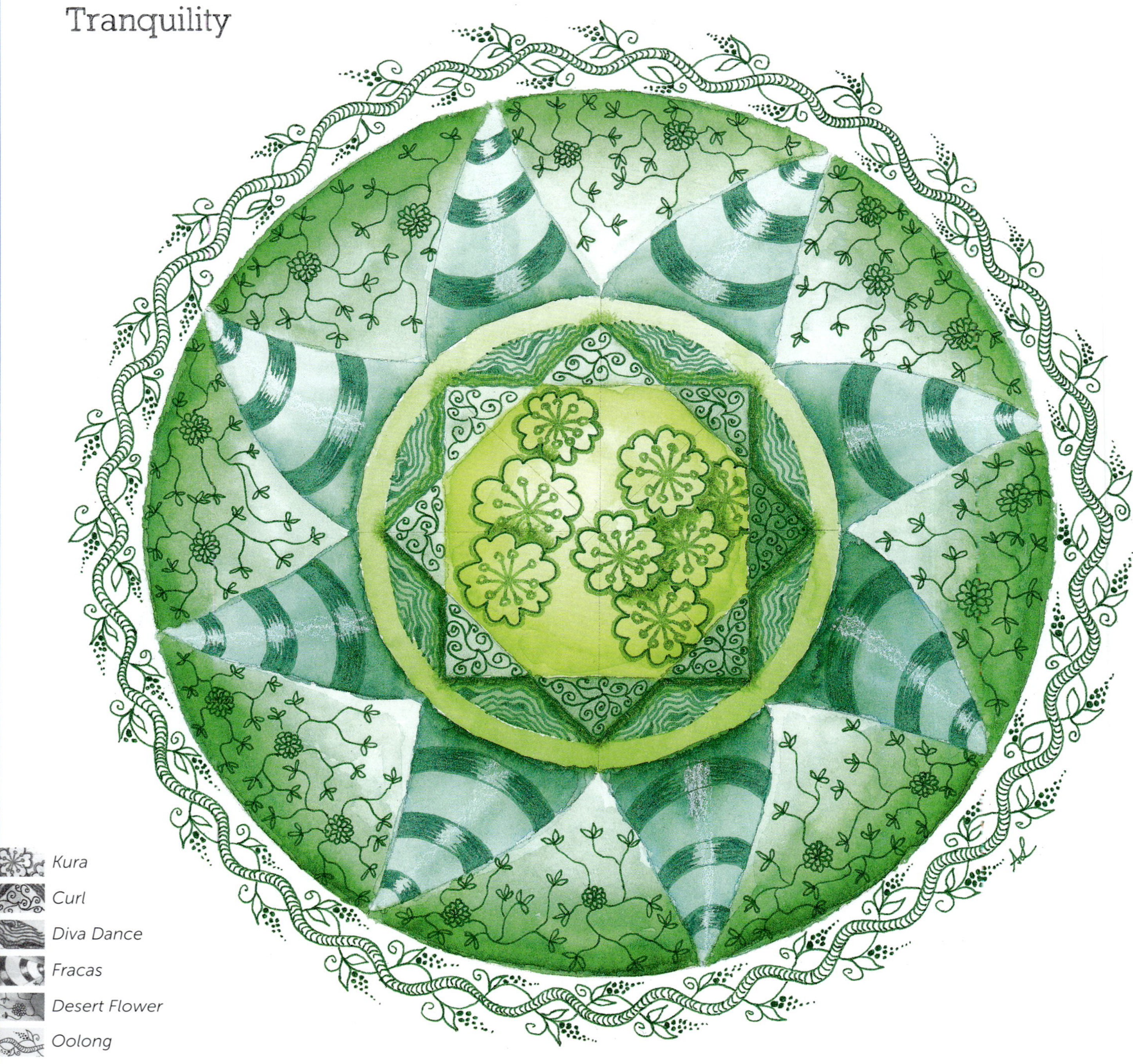

Kura

Curl

Diva Dance

Fracas

Desert Flower

Oolong

Aura

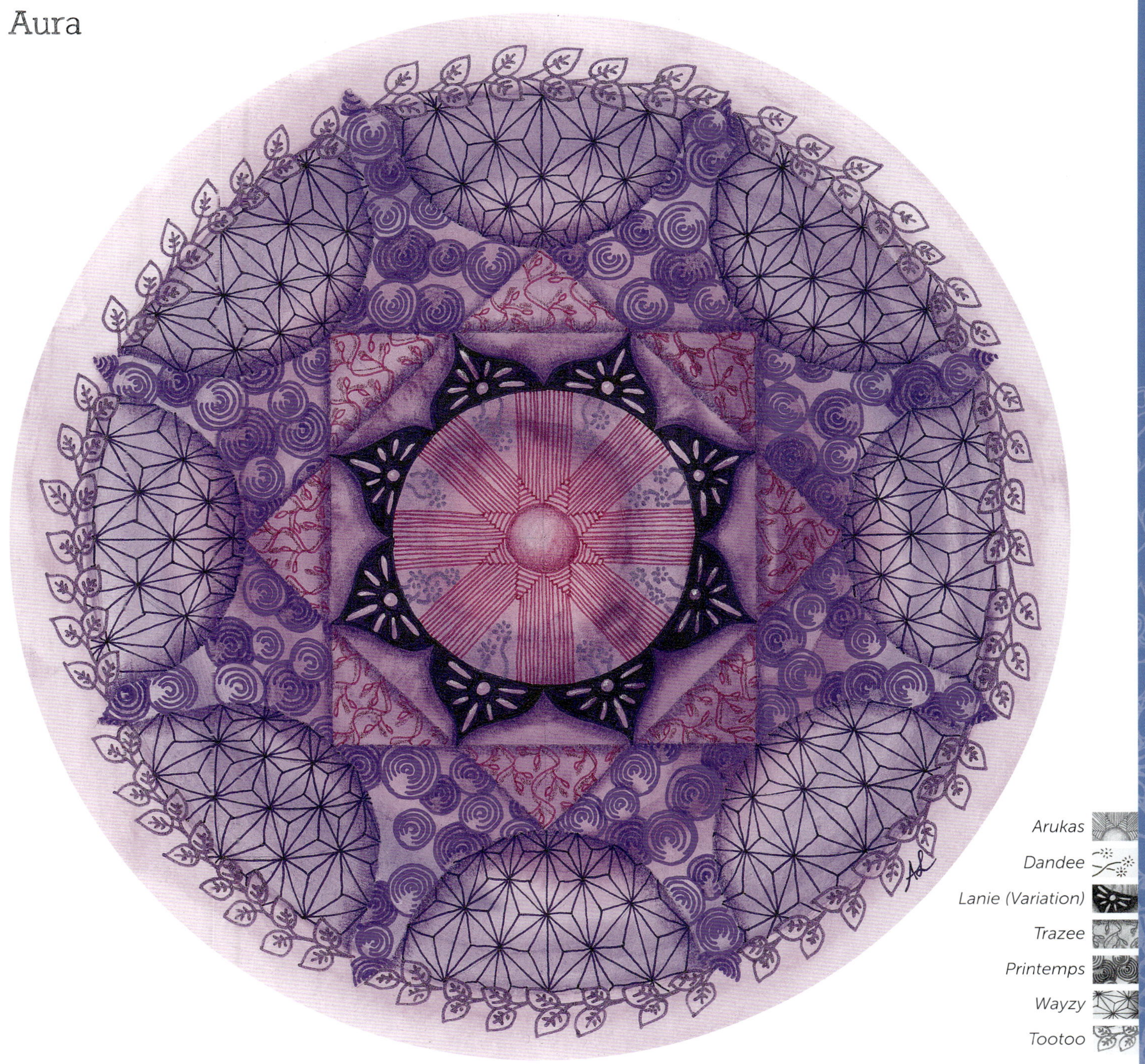

Arukas
Dandee
Lanie (Variation)
Trazee
Printemps
Wayzy
Tootoo

Rainbow TaMoko

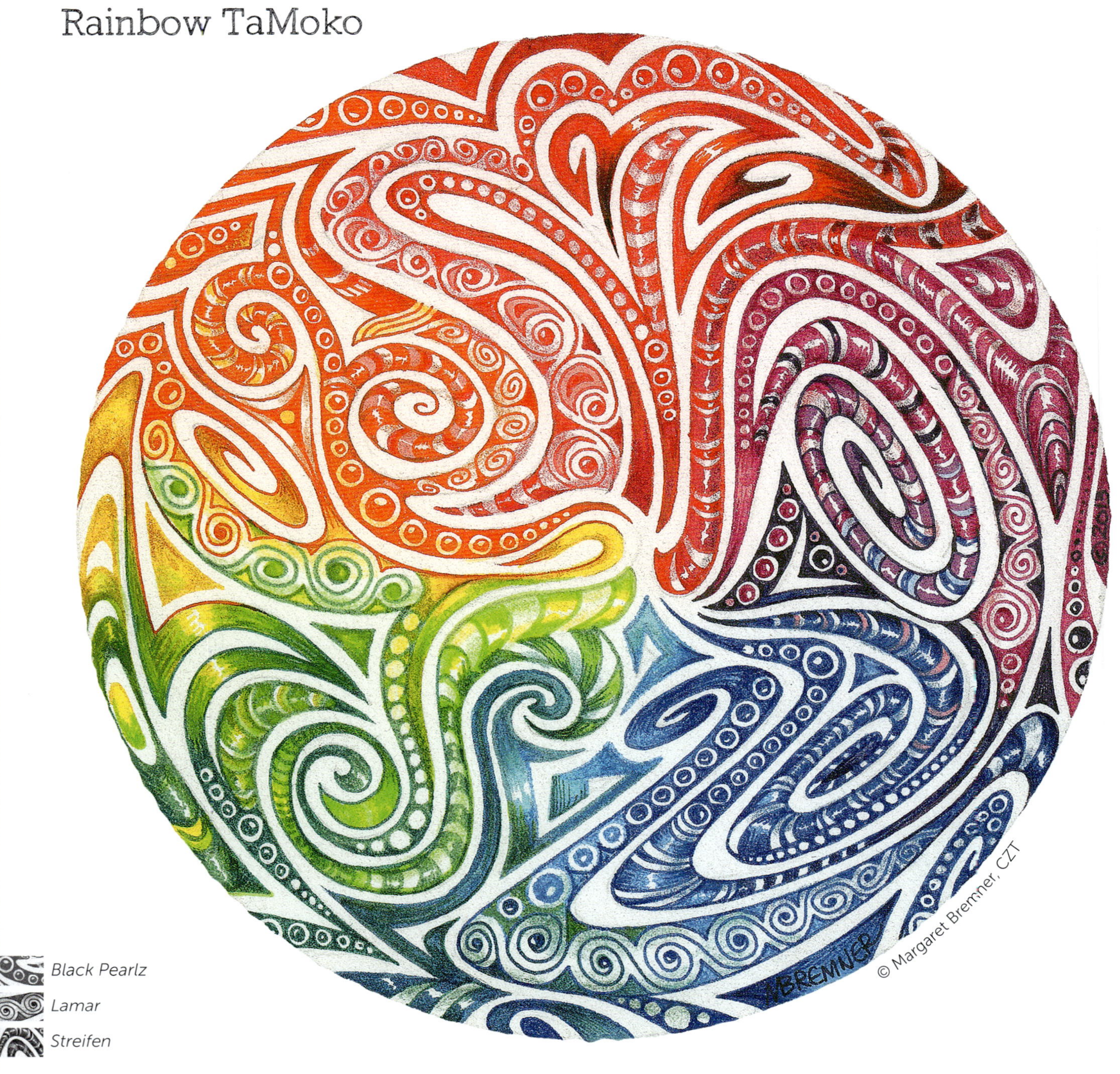

Black Pearlz

Lamar

Streifen

Stiller Ozean

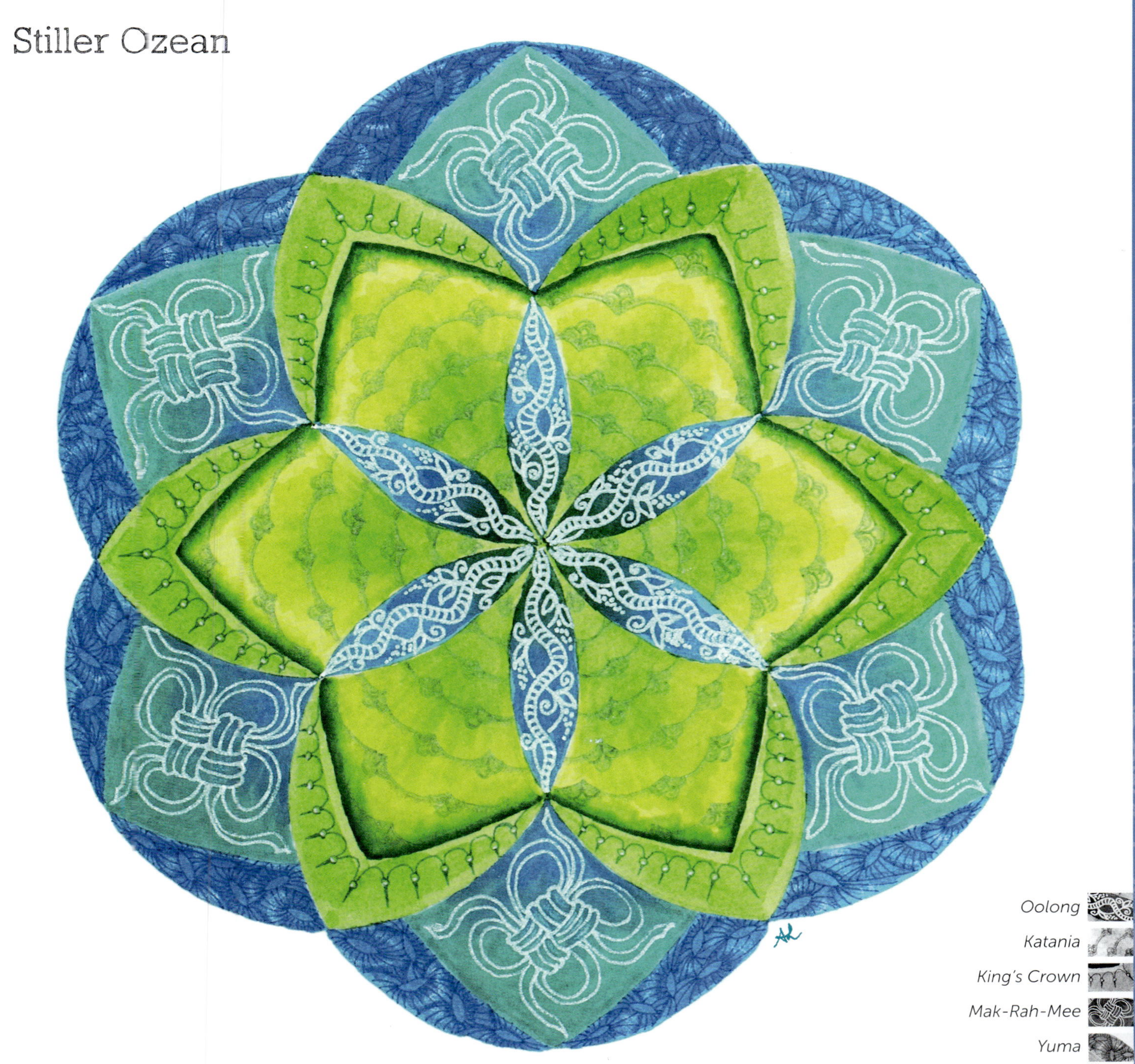

Oolong
Katania
King's Crown
Mak-Rah-Mee
Yuma

Rainbow Mushrooms

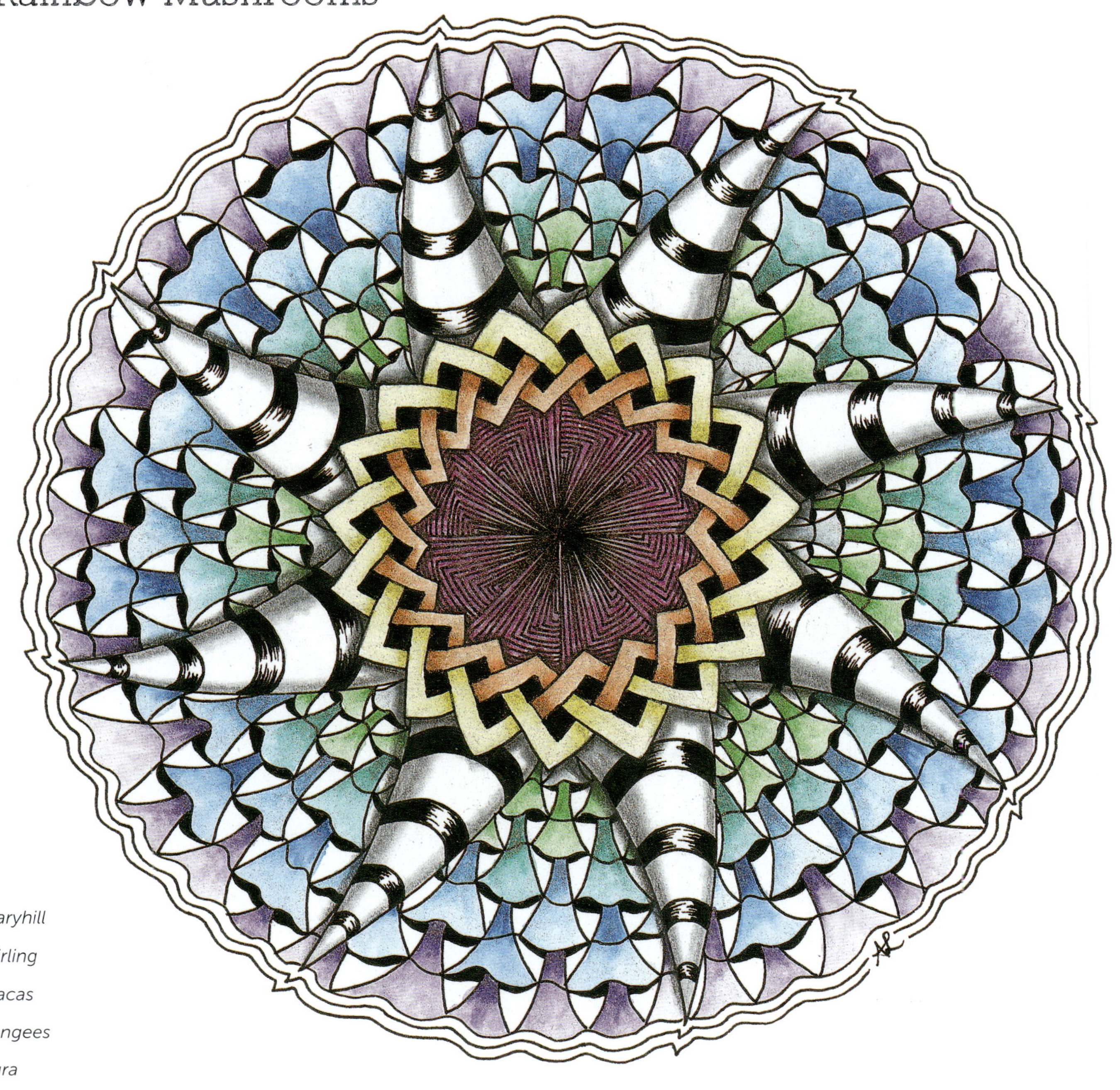

Maryhill
Stirling
Fracas
Fungees
Aura

Happy

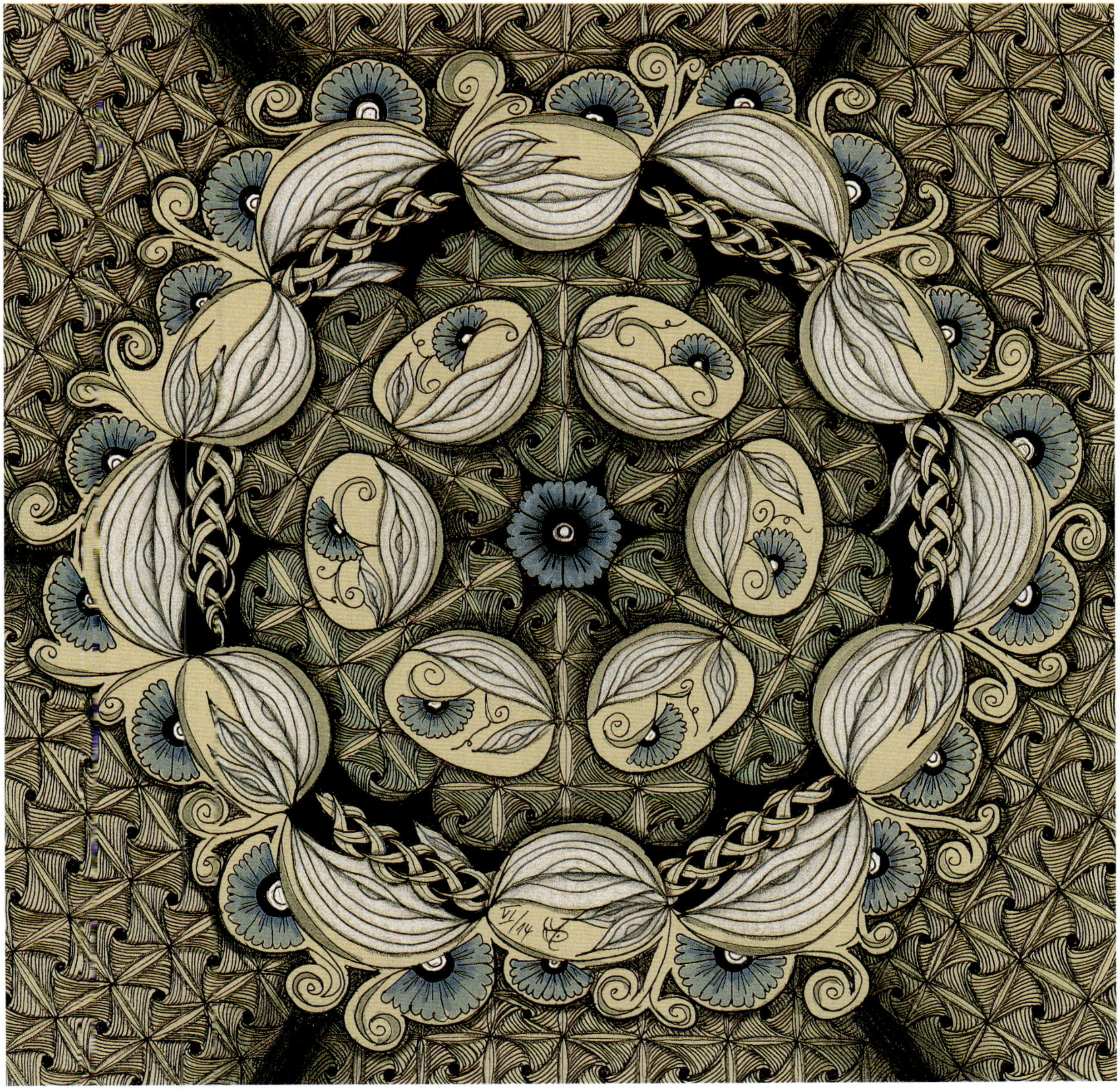

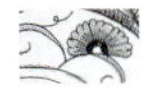 *Henna Drum* 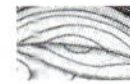 *Aura-Leah* 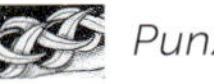 *Punzel* 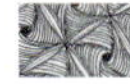 *Yew-Dee*

Seastar

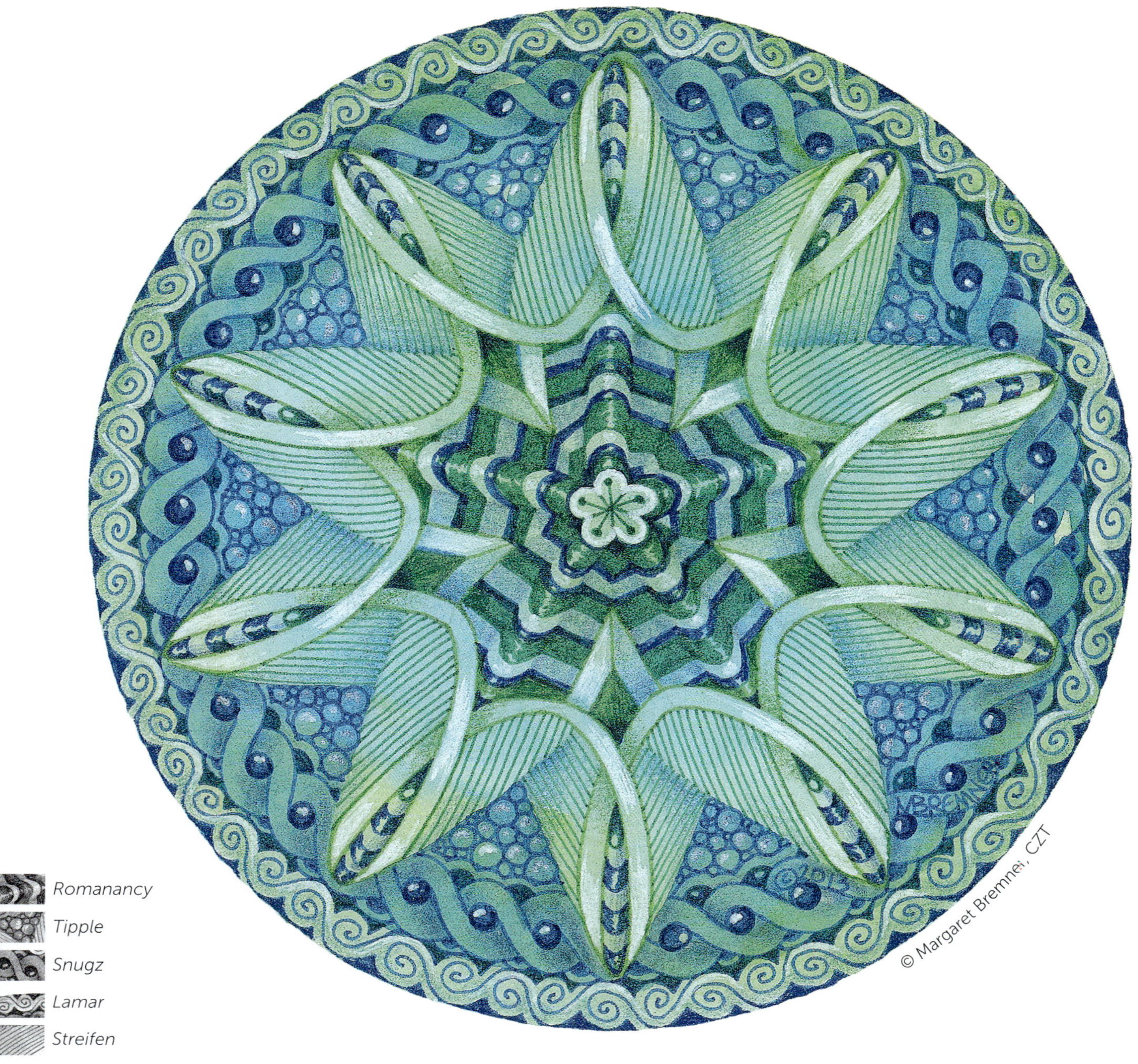

Romanancy

Tipple

Snugz

Lamar

Streifen

Dangle Dream

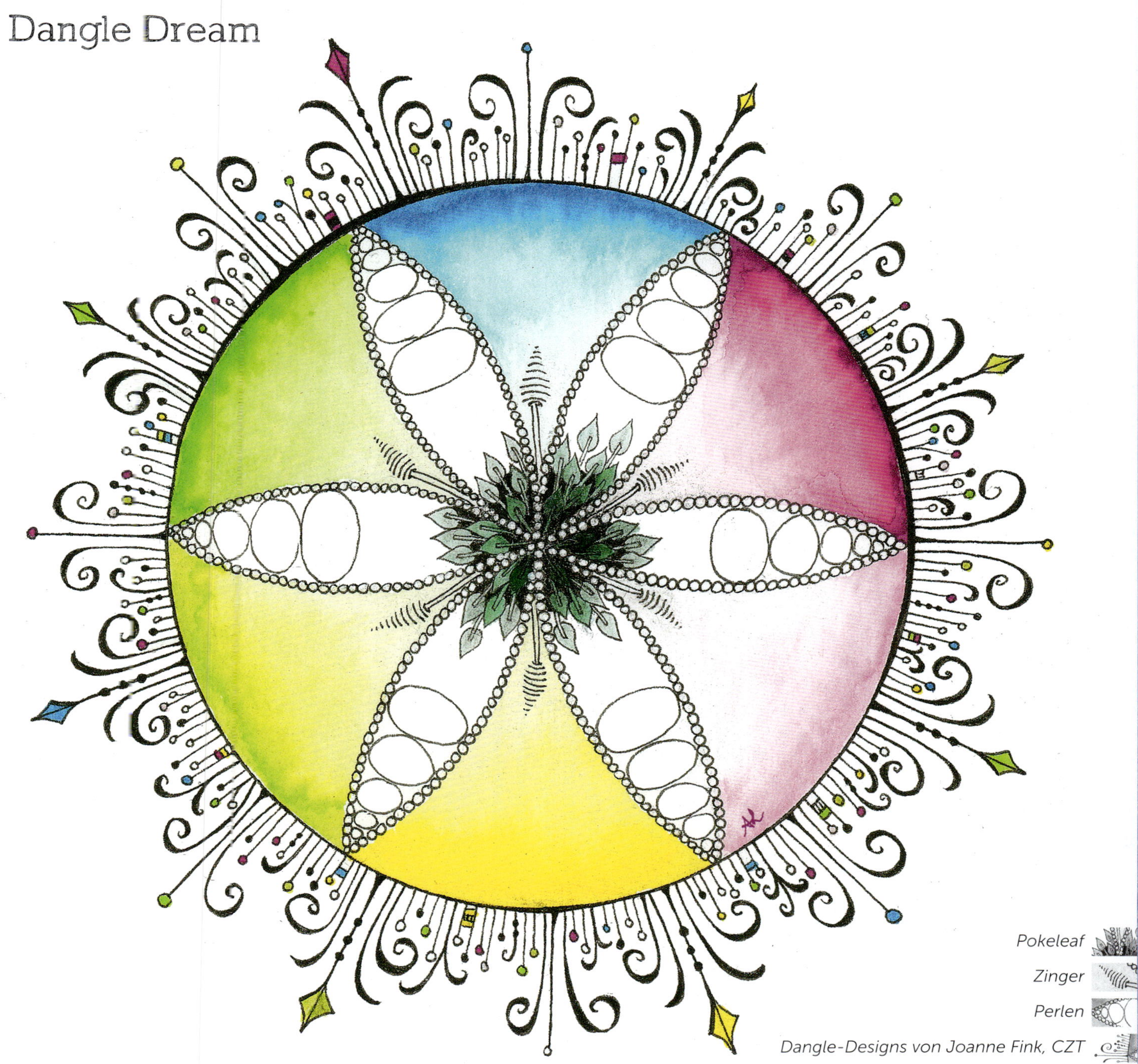

Pokeleaf

Zinger

Perlen

Dangle-Designs von Joanne Fink, CZT

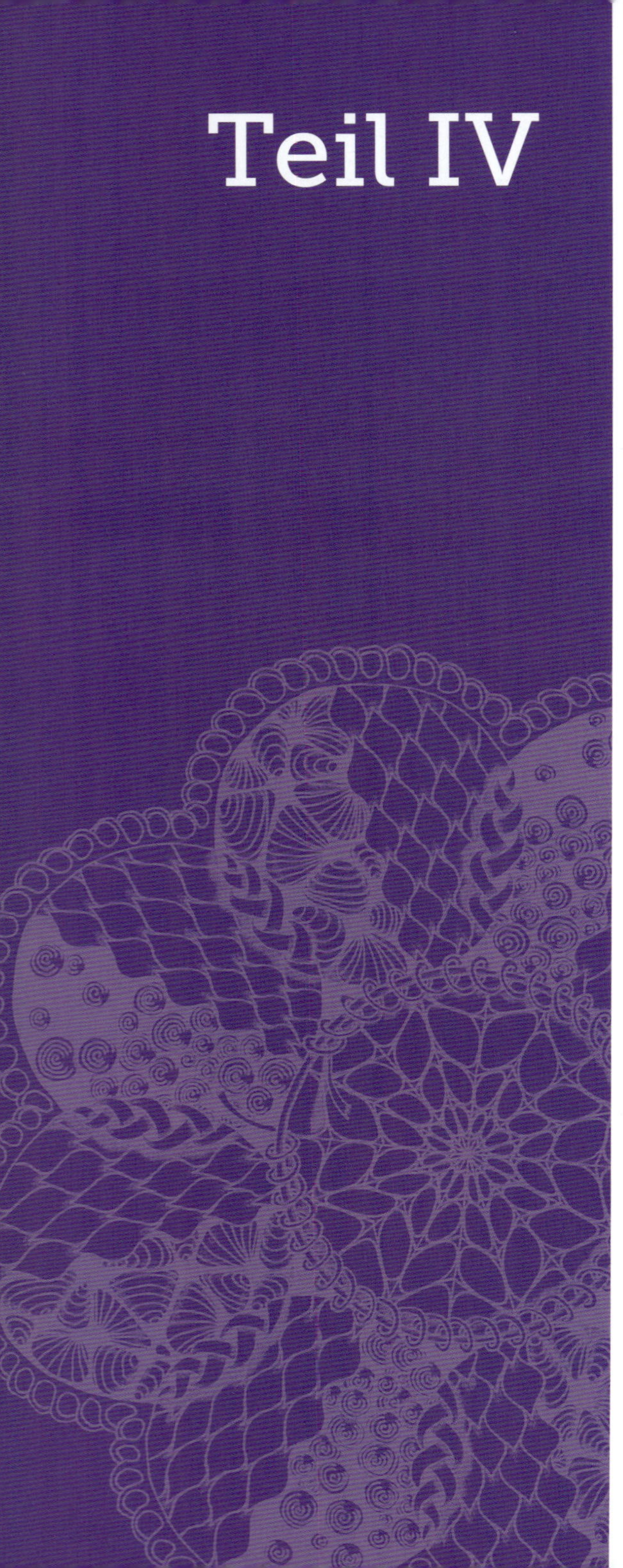

Teil IV

Zentangle-Mustersammlung

In diesem Kapitel stelle ich Ihnen 54 Zentangle-Muster vor. Diese Tangles sind durchweg für Zendalas geeignet. Denken Sie daran, dass Sie einzelne Elemente beim Zeichnen gegebenenfalls an die runde Form anpassen können. Besonders gut geht das bei allen Mustern, die auf einem Raster aufbauen.

Die meisten der folgenden Muster sind ganz einfach zu zeichnen. Sie sind mit einem Stern * gekennzeichnet. Muster, bei denen Sie ein wenig Übung brauchen, haben zwei Sterne **. Anfängern empfehle ich, ihre Zendalas erst einmal mit den einfachen Mustern zu füllen und sich dann nach und nach an die schwierigeren heranzuwagen.

Alle Muster lassen sich in sieben oder weniger Schritten zeichnen. Die jeweils nächsten Striche habe ich zum besseren Verständnis immer in Rot markiert. Im letzten Schritt sehen Sie dann das fertige Muster, das ich, wo es sich anbot, auch schattiert habe.

Jetzt lade ich Sie zum Tangeln ein – ein Schritt nach dem anderen. Sie werden sehen, wie leicht Zentangle ist, und ich wünsche Ihnen viel Spaß dabei.

Übrigens:
Die Tangles sind alphabetisch nach Namen sortiert. Auf den Seiten 92 bis 94 finden Sie eine Übersicht mit allen Mustern und Zendalas.

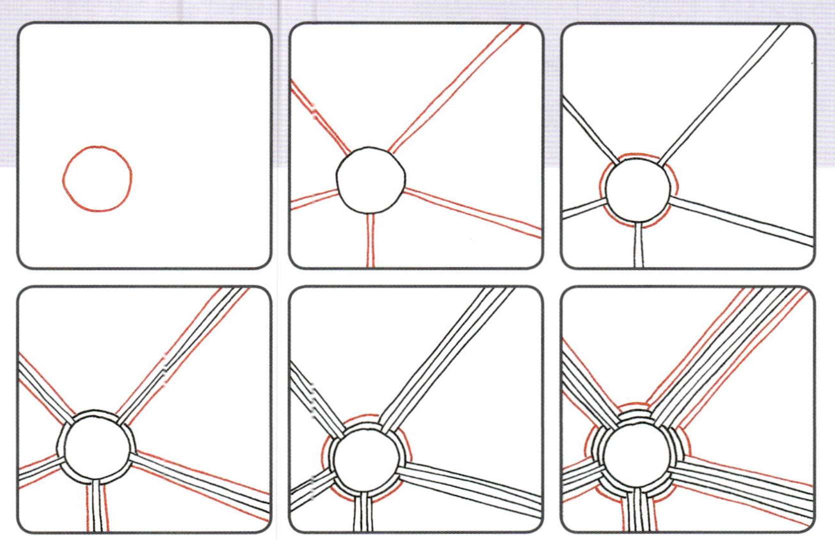

Arukas *

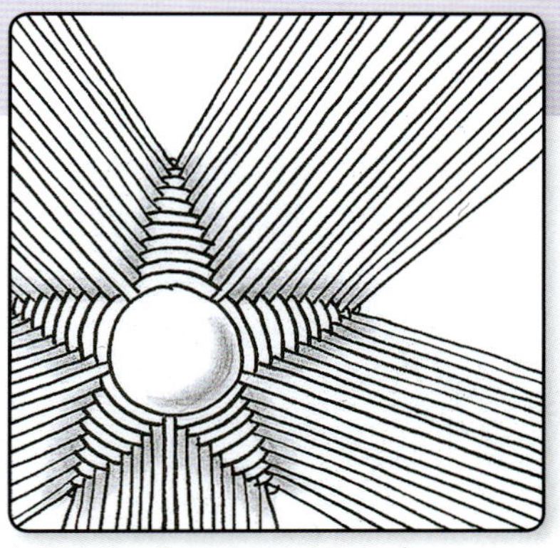

(offizielles Zentangle-Muster)

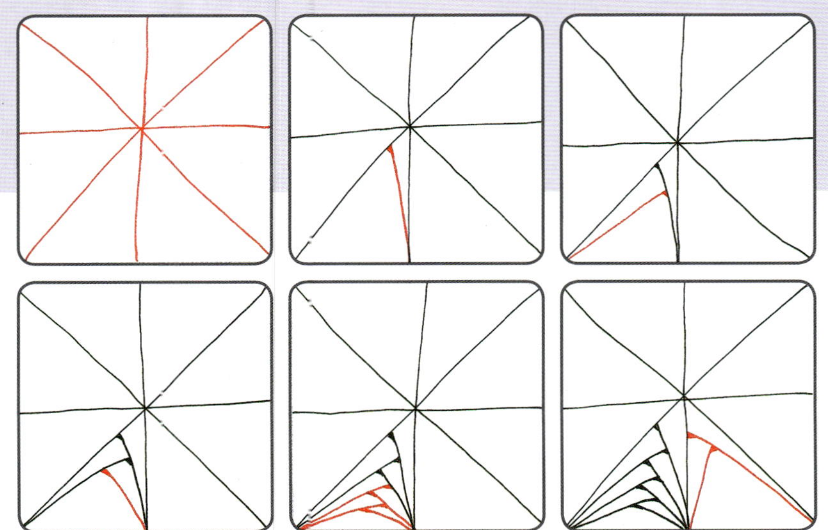

Betweed *

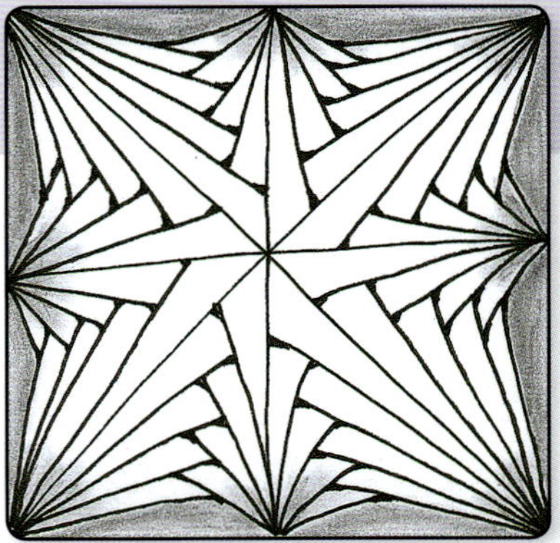

(offizielles Zentangle-Muster)

Breeze *

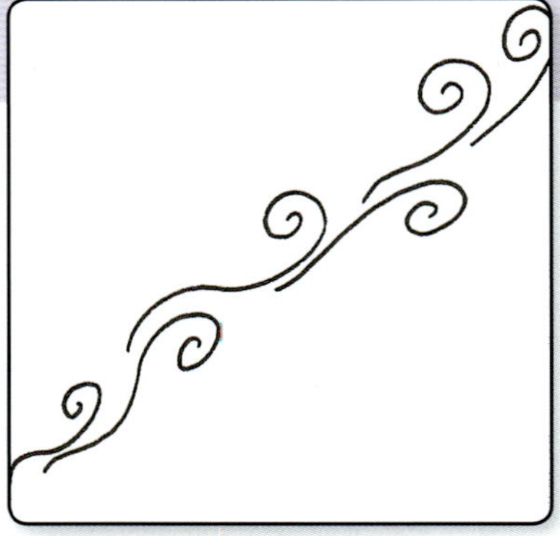

(Muster: Anya Lothrop, CZT)

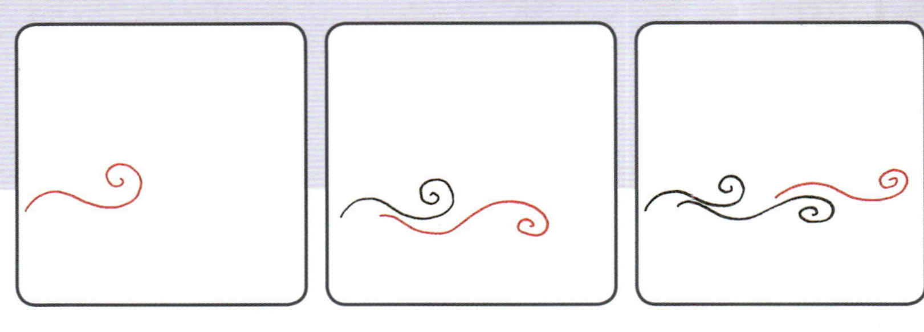

Bumble *

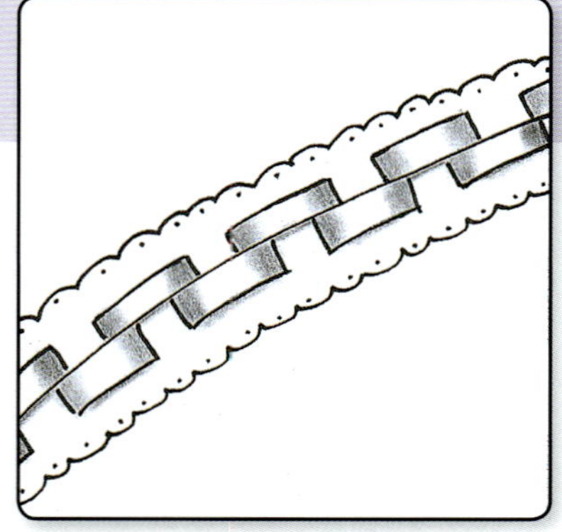

(Muster: Anya Lothrop, CZT)

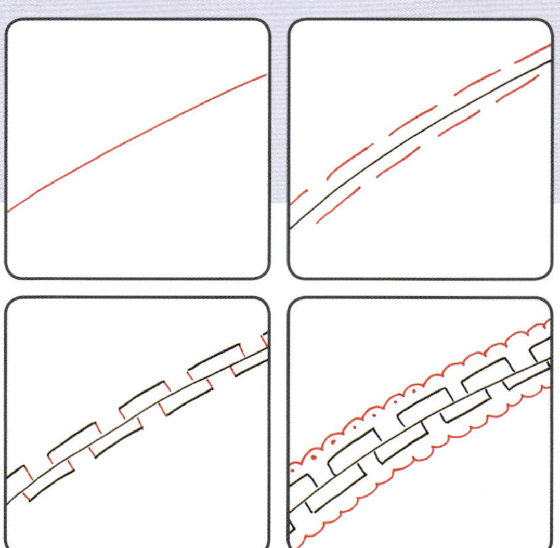

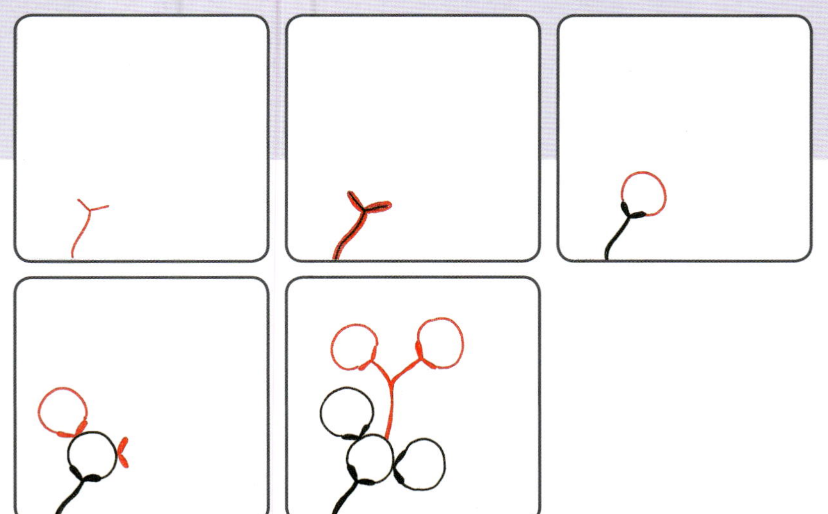

Burble *

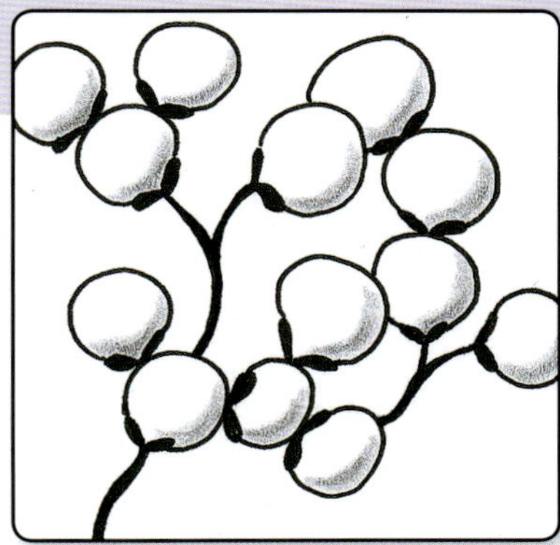

(Muster: Anya Lothrop, CZT)

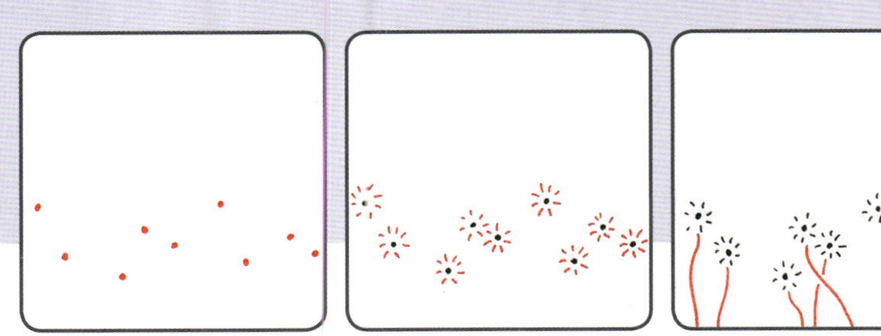

Dandee *

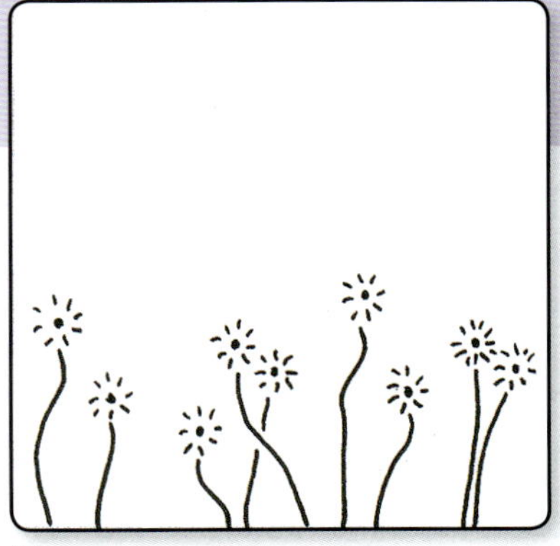

(Muster: Anya Lothrop, CZT)

Desert Flower *

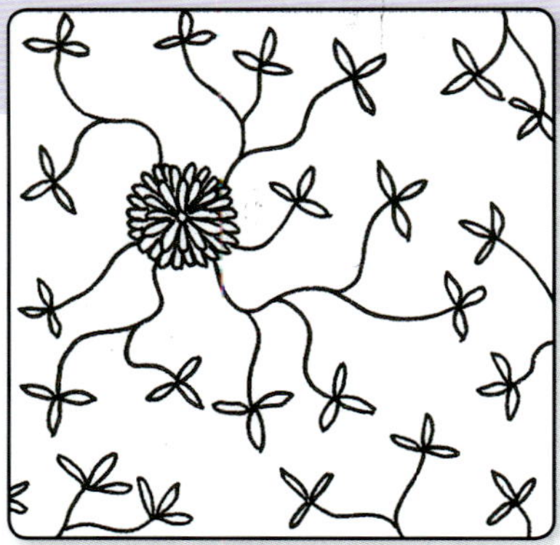

(Muster: Anya Lothrop, CZT)

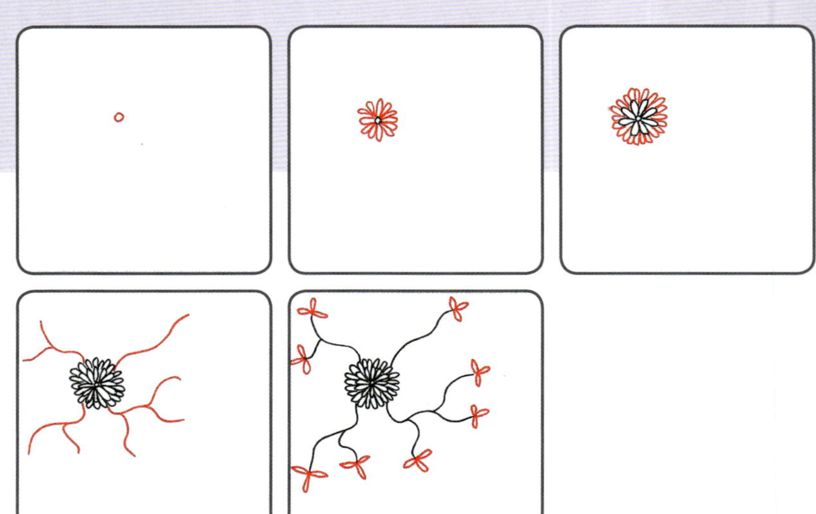

Doff **

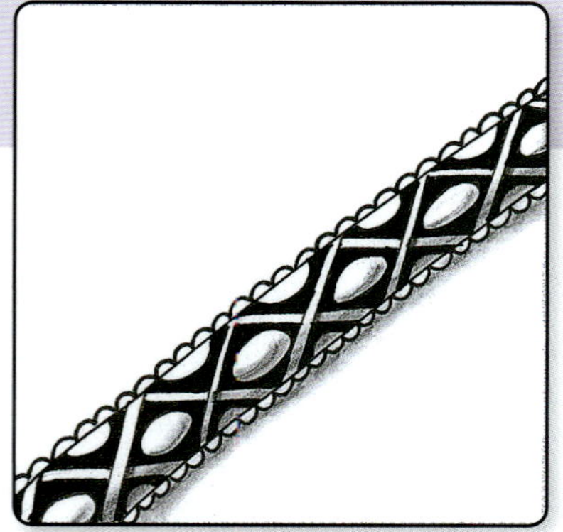

eine Variation des Musters Vega
(Muster: Anya Lcthrop, CZT)

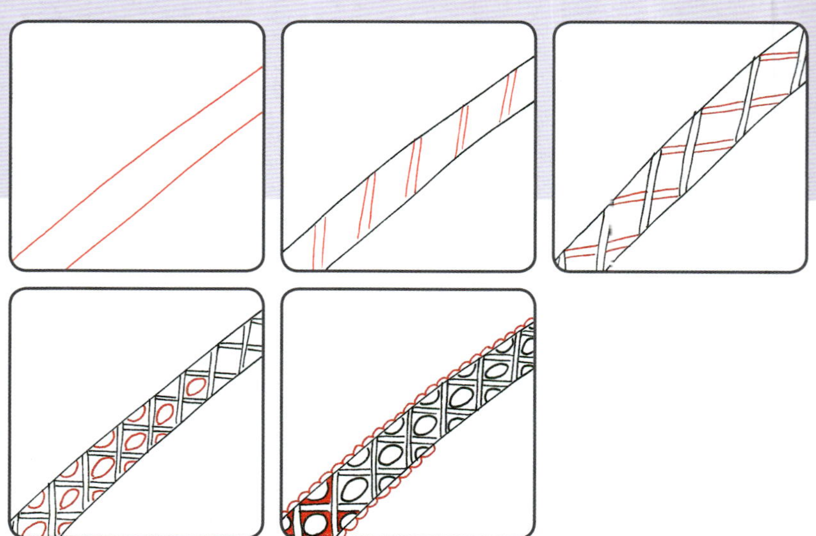

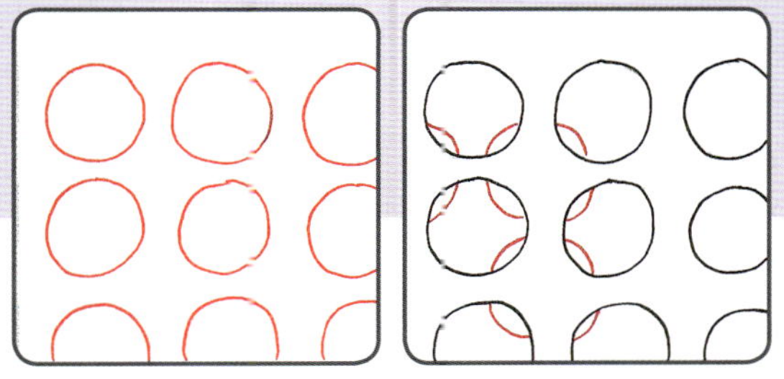

Dookla *

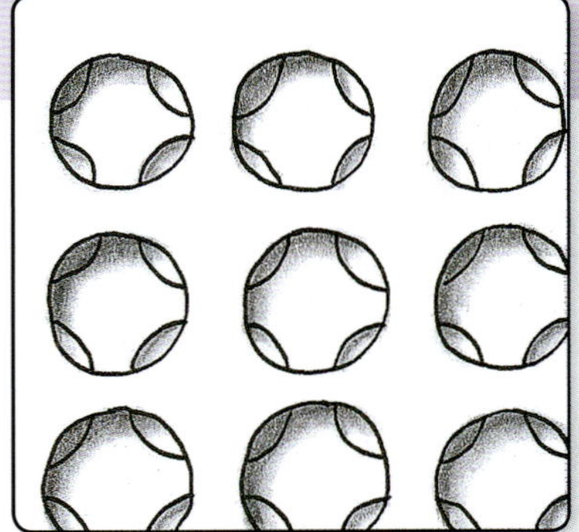

(Muster: Anya Lothrop, CZT)

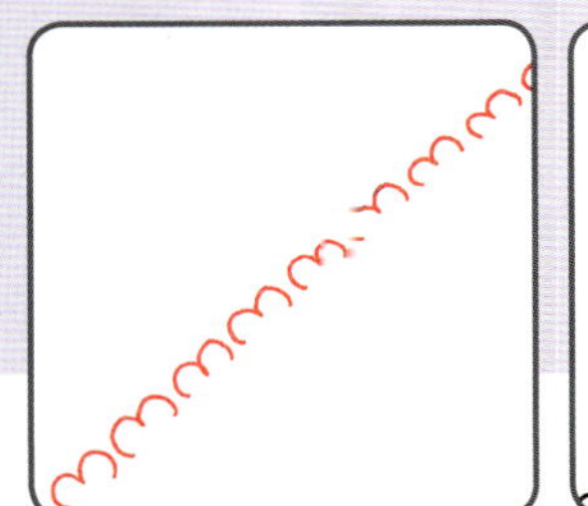

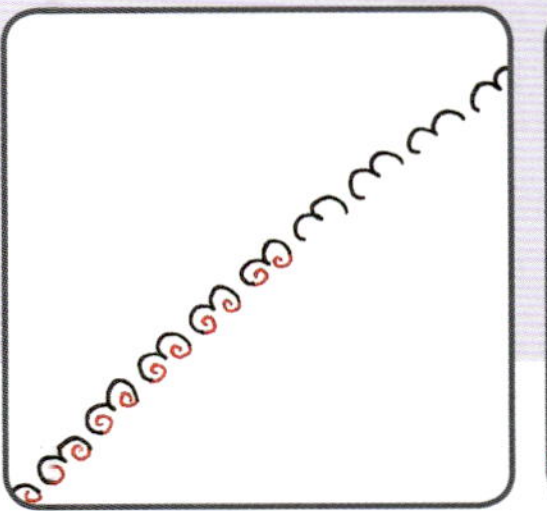

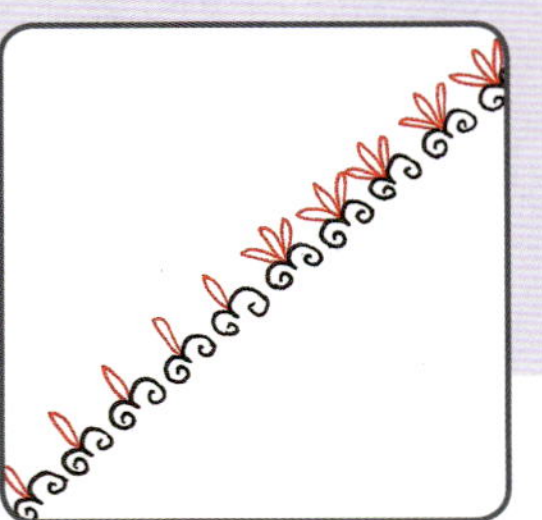

Drei *

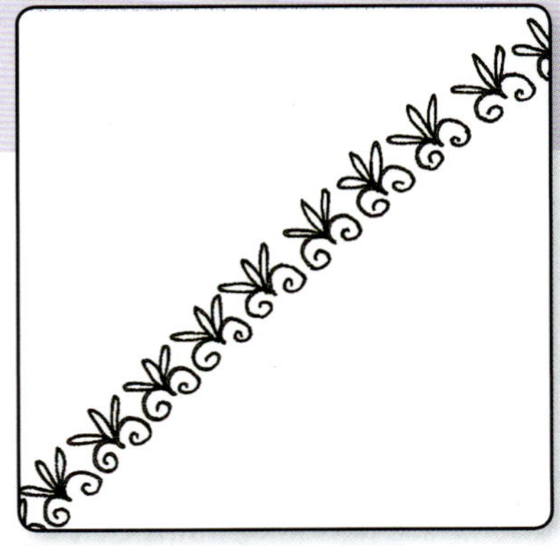

(Muster: Anya Lothrop, CZT)

Duckie *

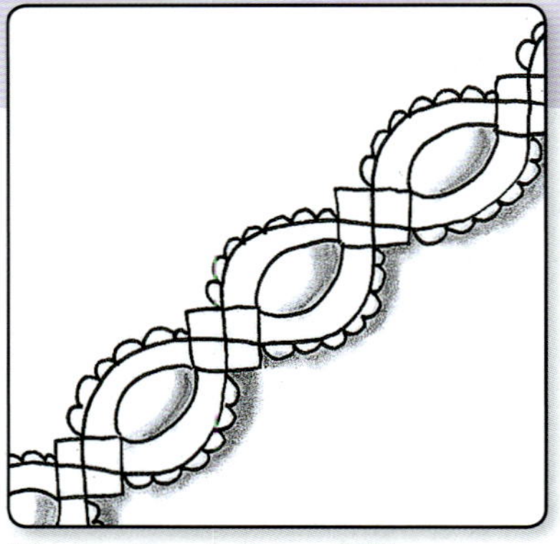

(Muster: Anya Lothrop, CZT)

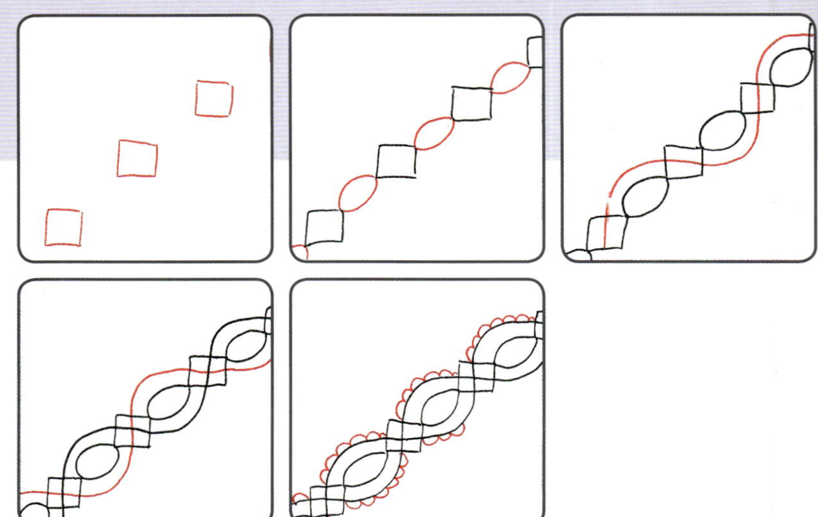

Fance *

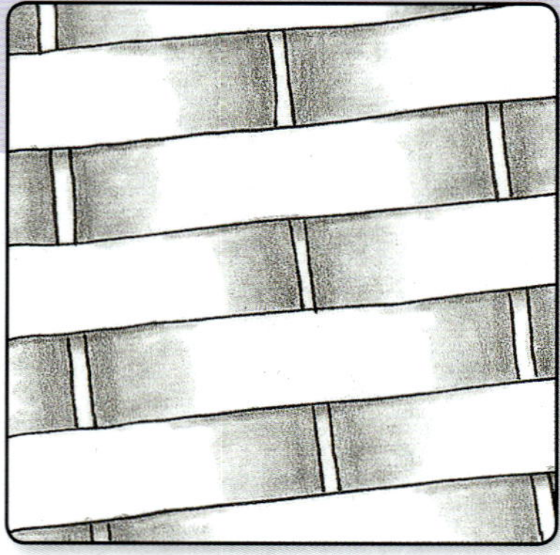

(Muster: Anya Lothrop, CZT)

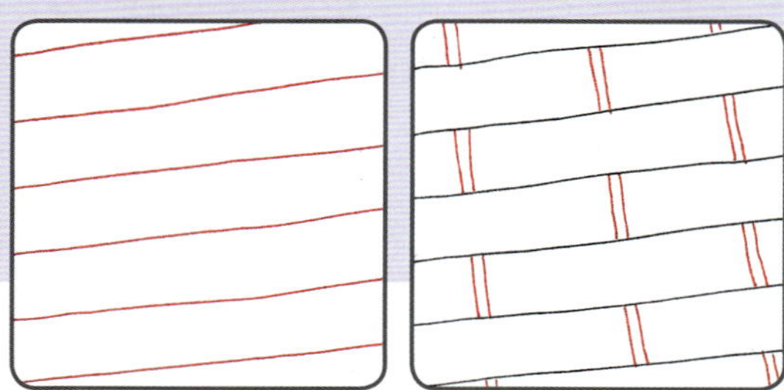

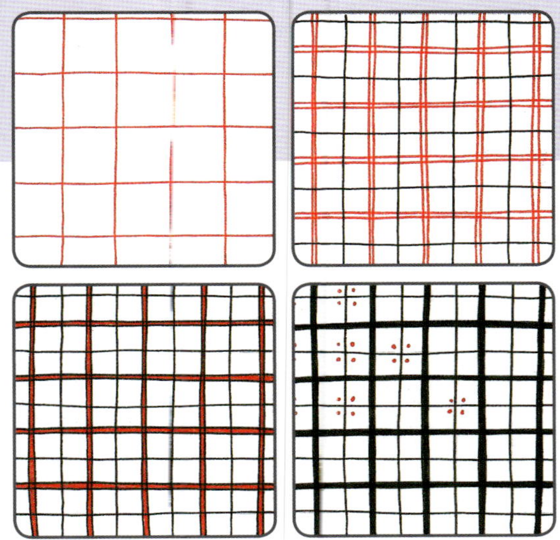

Flare *

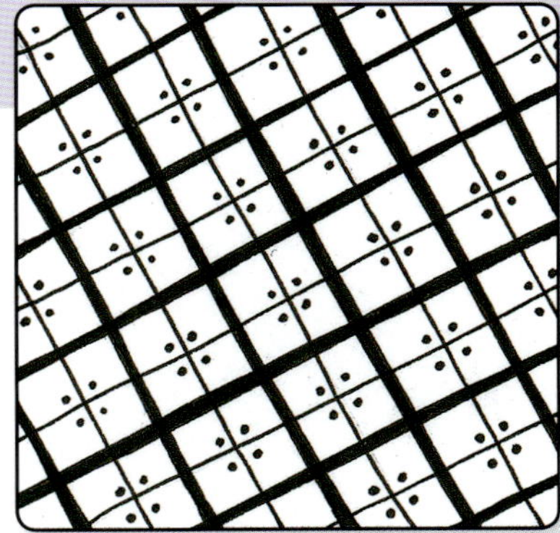

(Muster: Anya Lothrop, CZT)

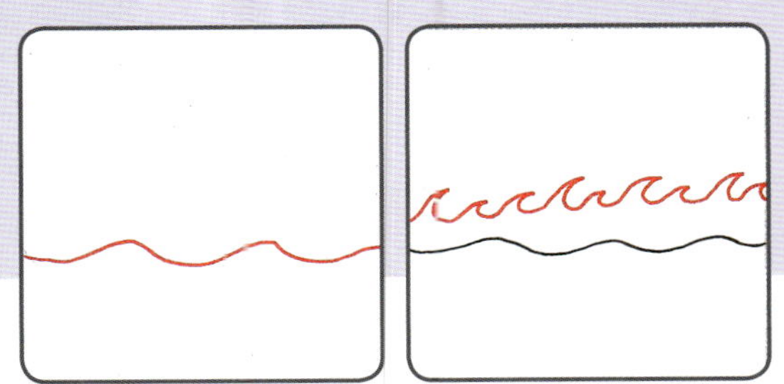

Flaves *

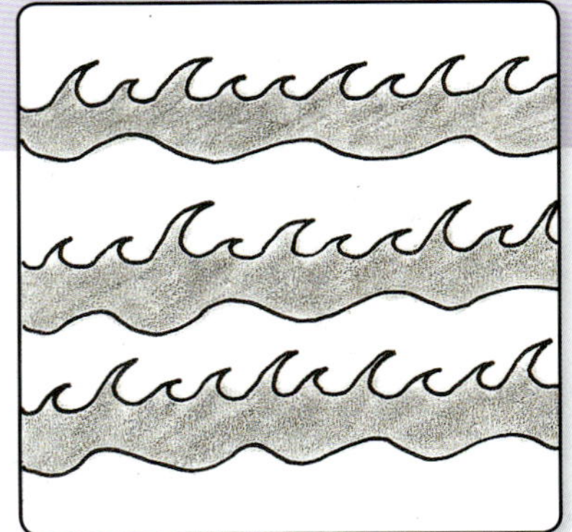

(Muster: Anya Lothrop, CZT)

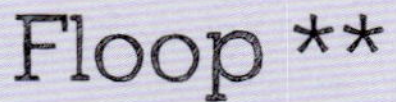

Floop **

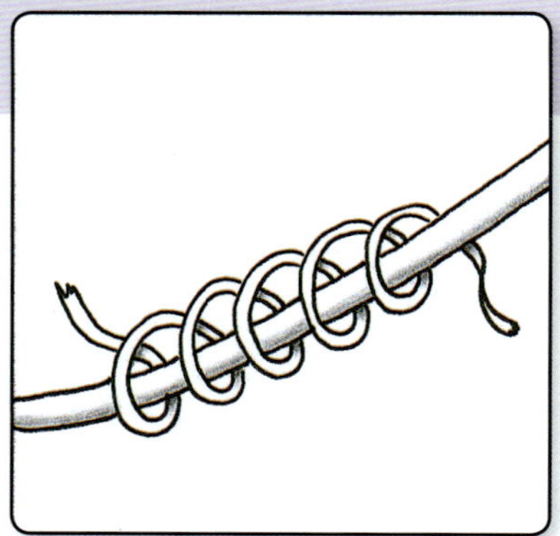

(Muster: Anya Lothrop, CZT)

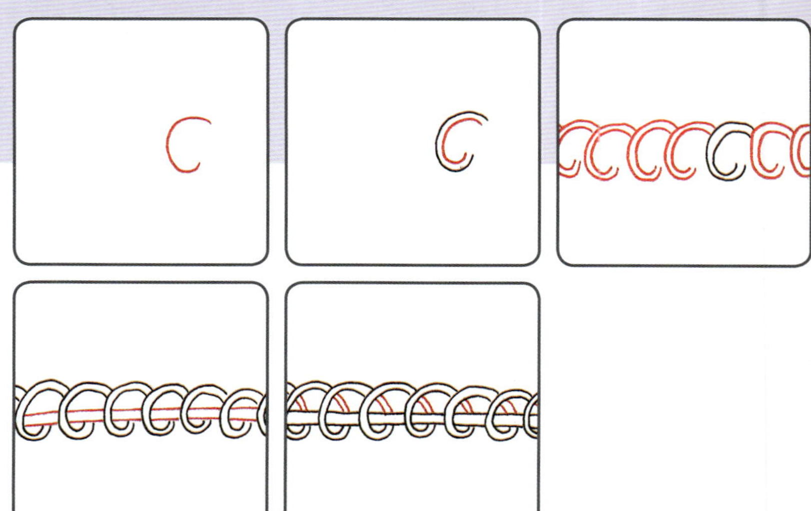

Frink *

(Muster: Anya Lothrop, CZT)

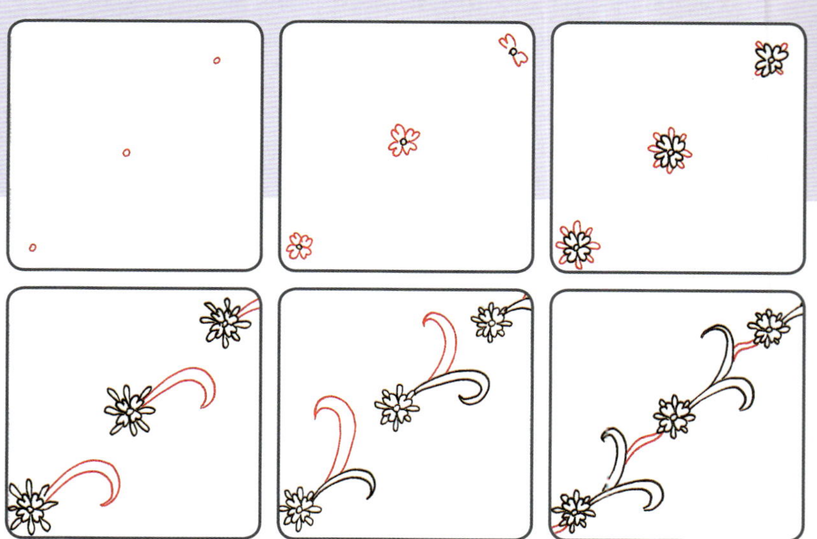

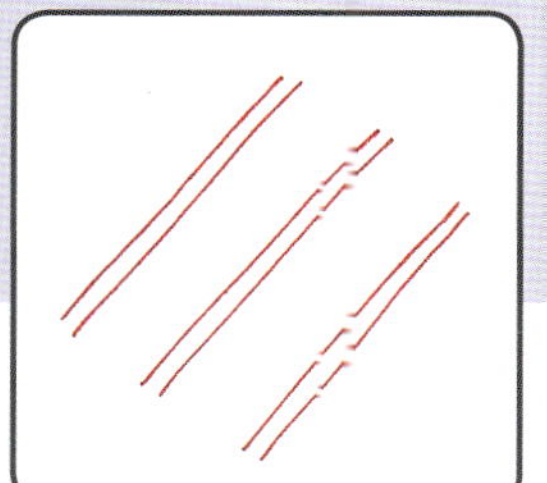
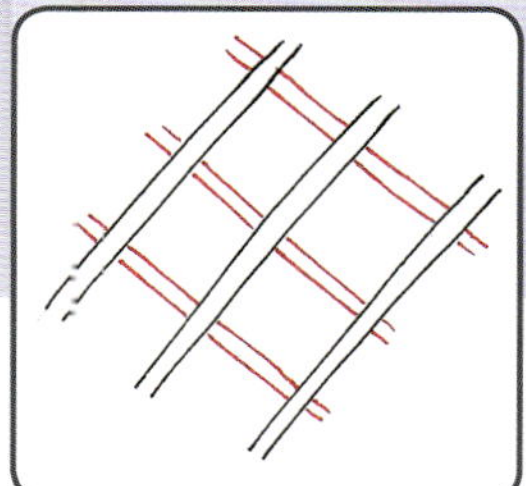

Gitter *

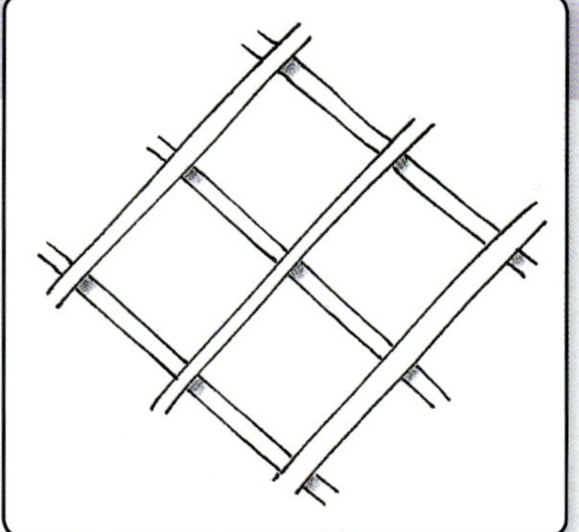

(Muster: Anya Lothrop, CZT)

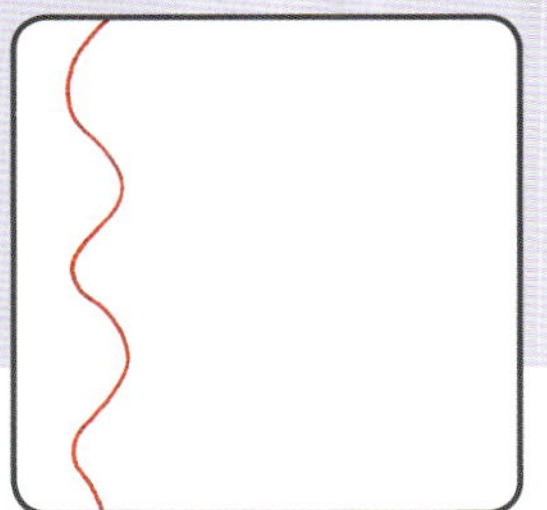
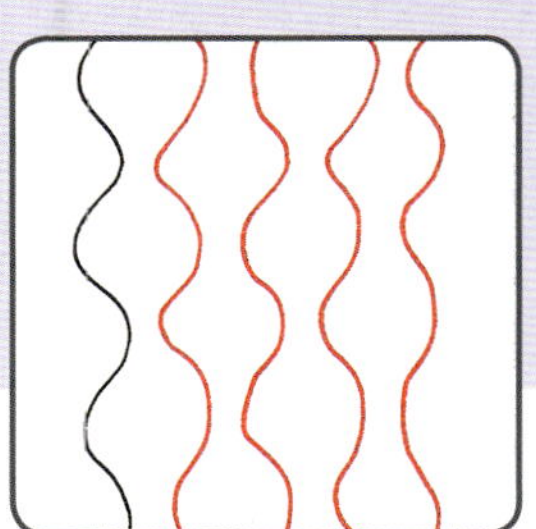

Glacé **

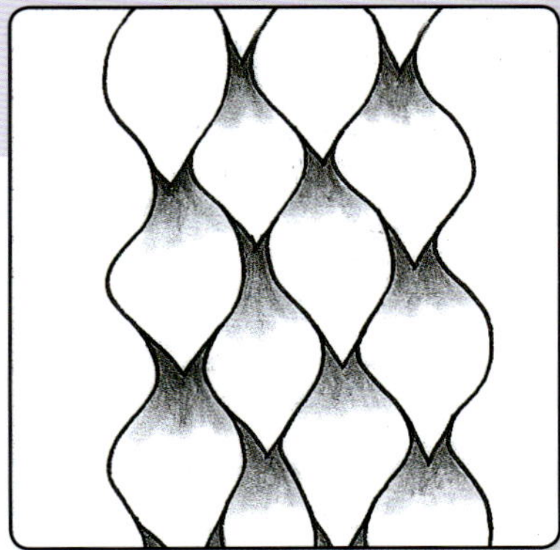

(offizielles Zentangle-Muster)

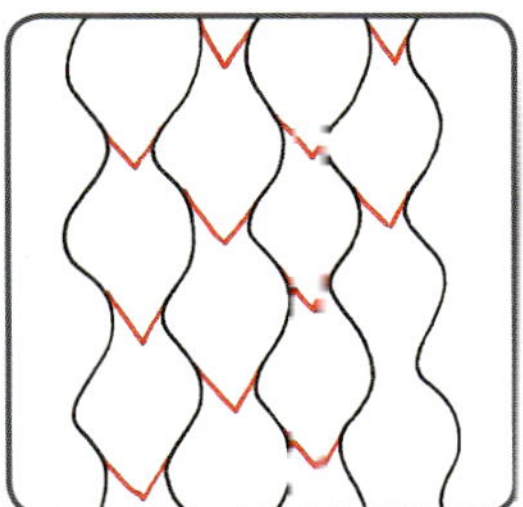

Tipp: Lassen Sie die Spitze in Schritt 3 aus den bestehenden Linien »herauswachsen«, dann wirkt die Form wie aus einem Guss.

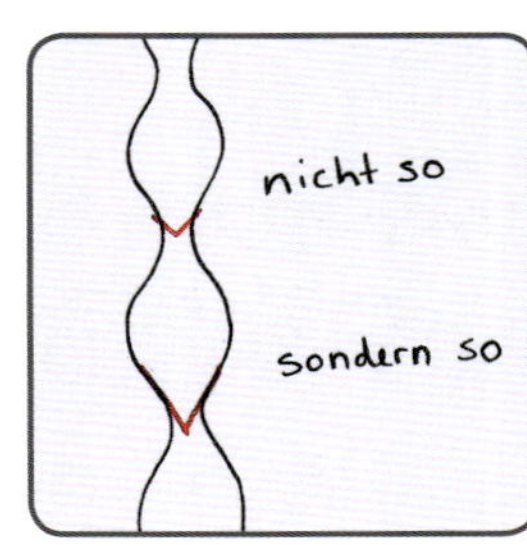

Hamail **

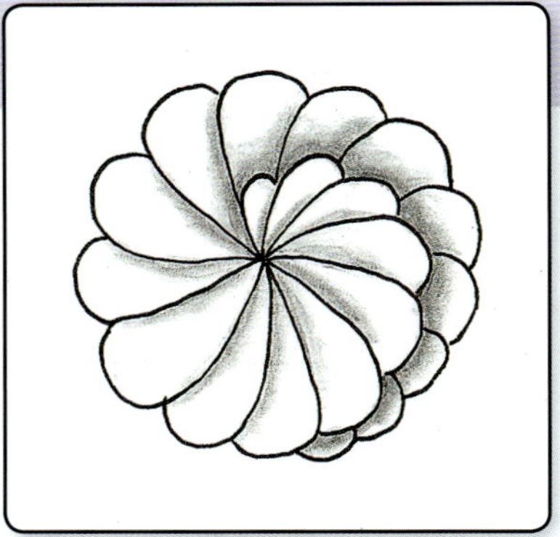

(Muster: Tina Hunziker, CZT)

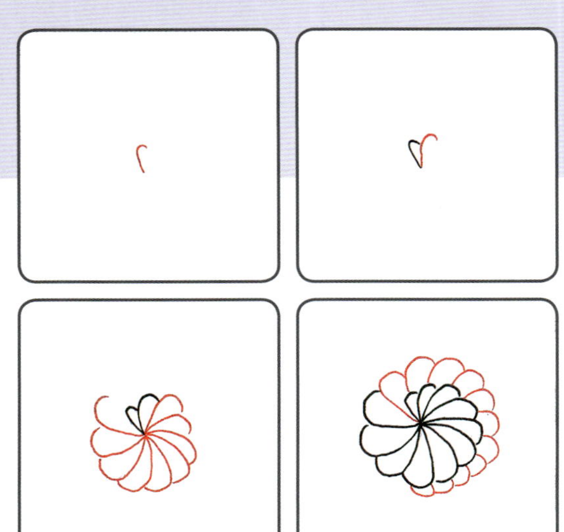

Hana *

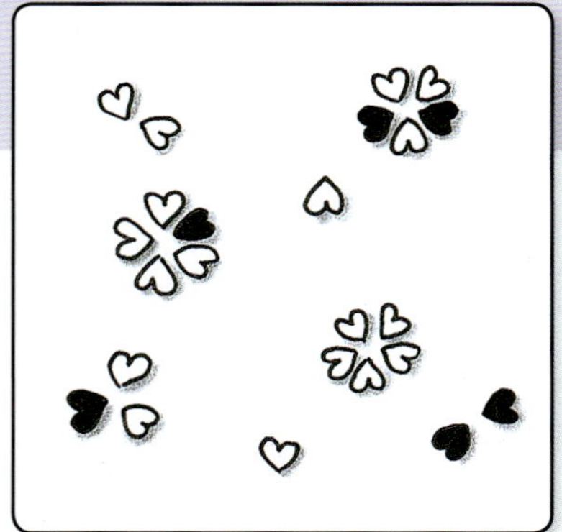

(Muster: Anya Lothrop, CZT)

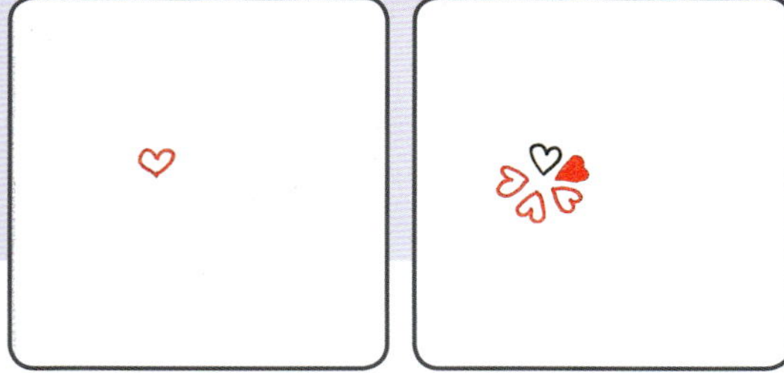

Tipp: Drehen Sie die Kachel immer ein Stück im Uhrzeigersinn, wenn Sie ein neues Herz im Zentangle-Muster hinzufügen.

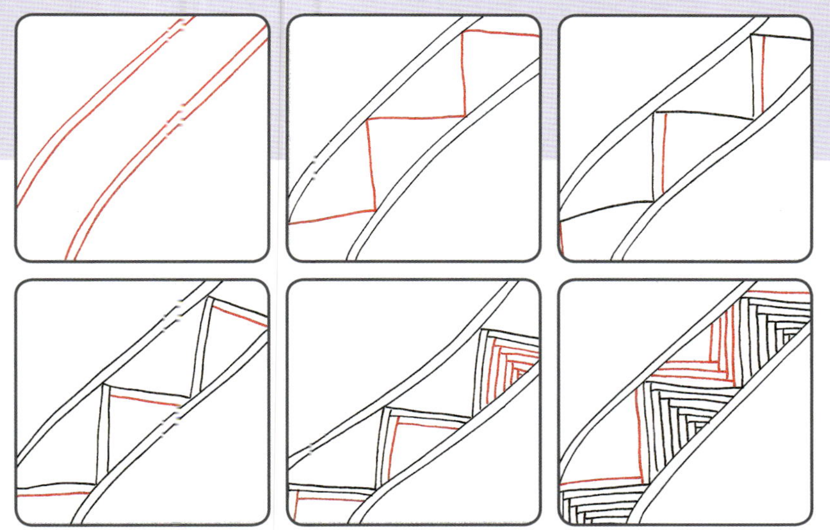

Hibred *

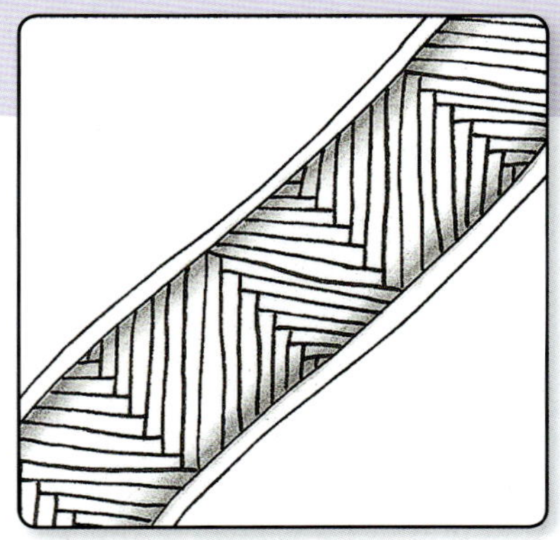

(offizielles Zentangle-Muster)

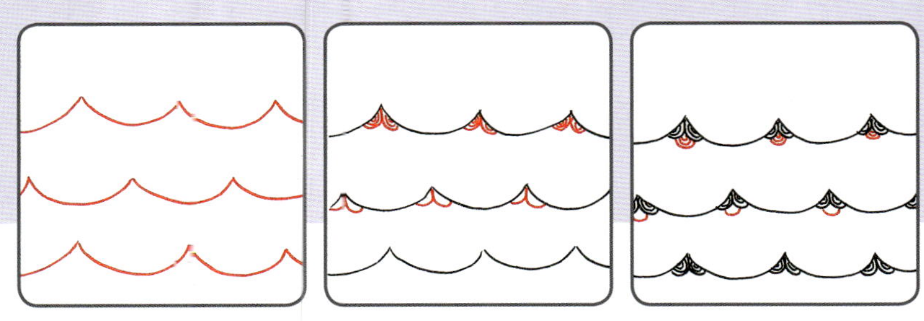

Katania *

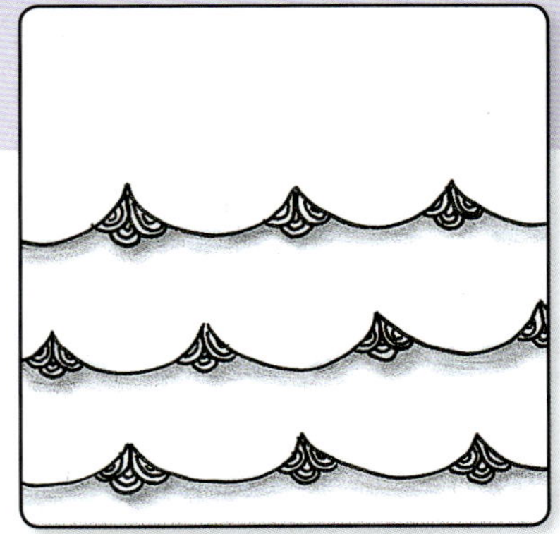

(Muster: Anya Lothrop, CZT)

Keck *

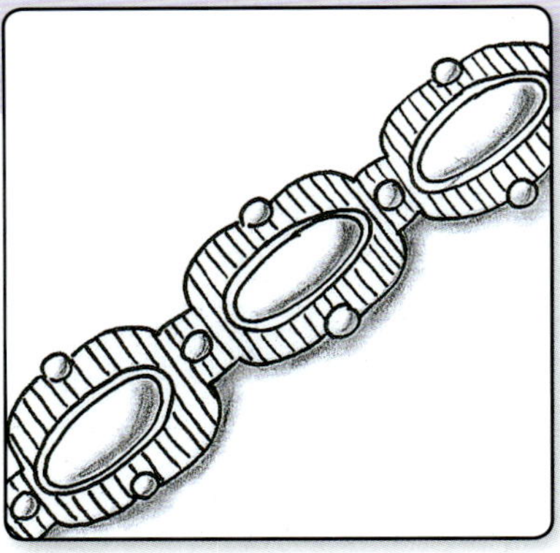

(Muster: Anya Lothrop, CZT)

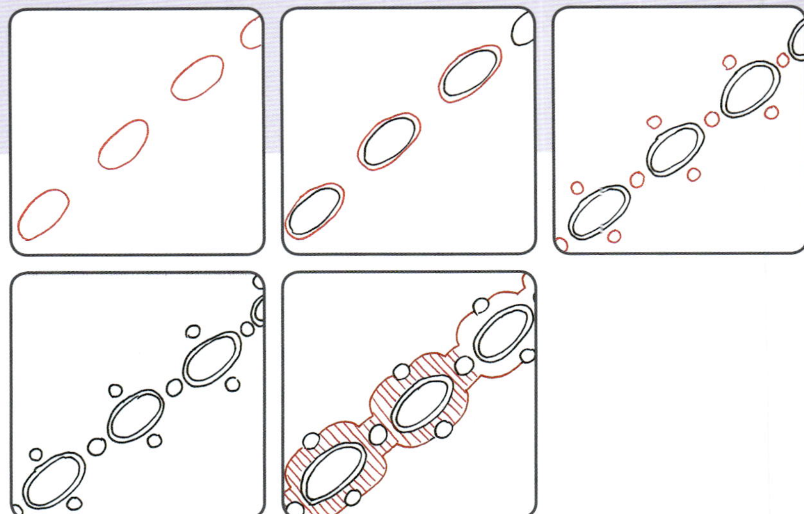

Kura **

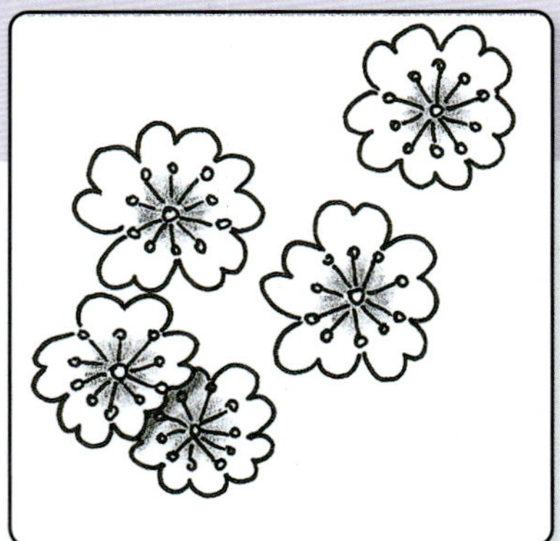

(Muster: Anya Lothrop, CZT)

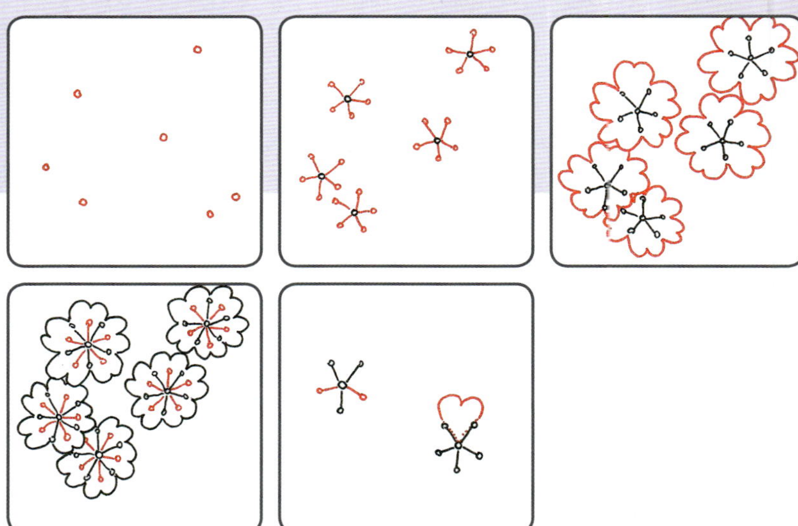

Tipp: Der Stern mit den fünf Armen sieht wohlproportioniert aus, wenn Sie zuerst eine »Y-Form« zeichnen und dann die beiden letzten Arme hinzufügen. Beim Zeichnen der Blütenblätter hilft es, sich jeden Abschnitt als »Herz« vorzustellen.

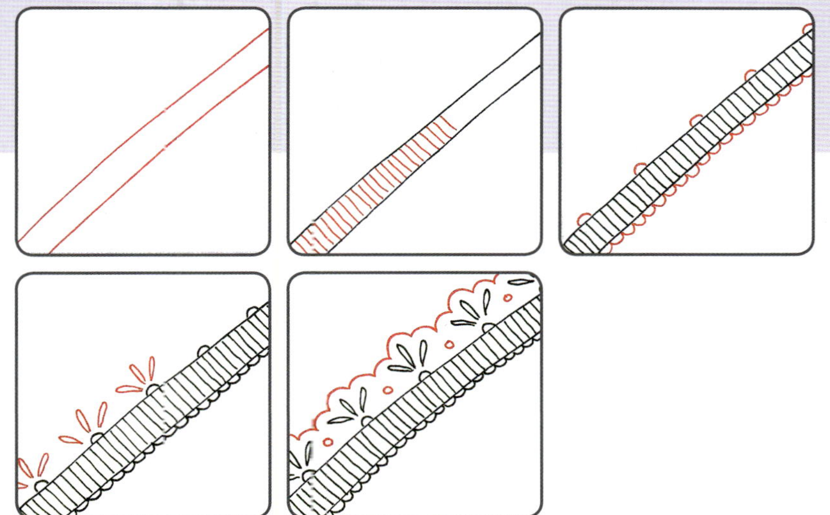

Lorax *

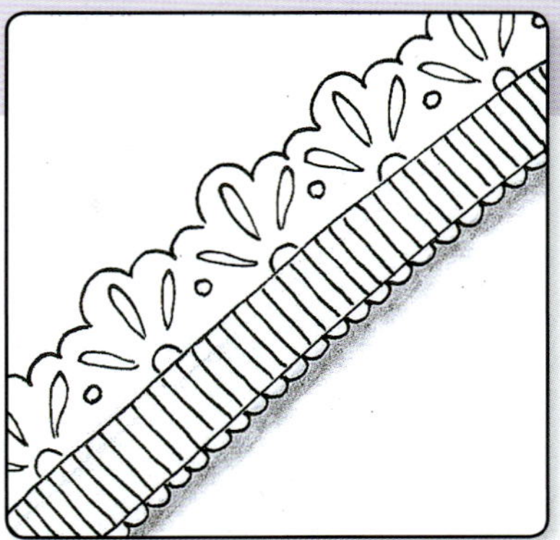

(Muster: Anya Lothrop, CZT)

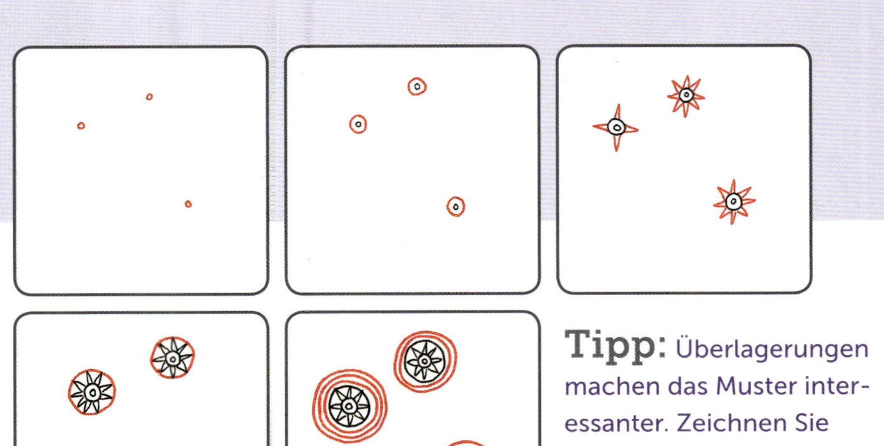

Münz *

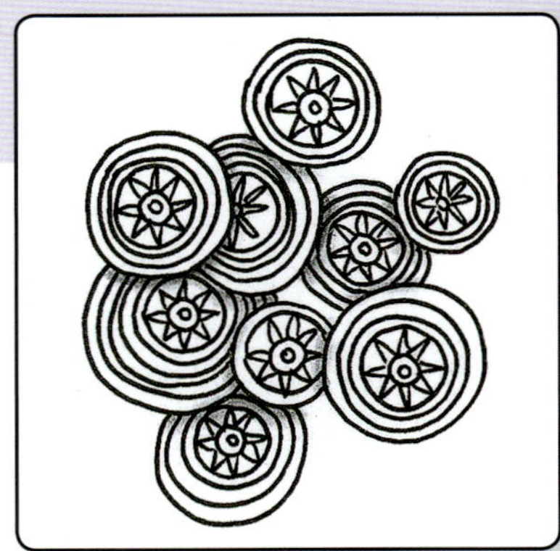

(Muster: Anya Lothrop, CZT)

Tipp: Überlagerungen machen das Muster interessanter. Zeichnen Sie »Münzen« mit unterbrochenen Linien zwischen die kompletten Exemplare.

Nago *

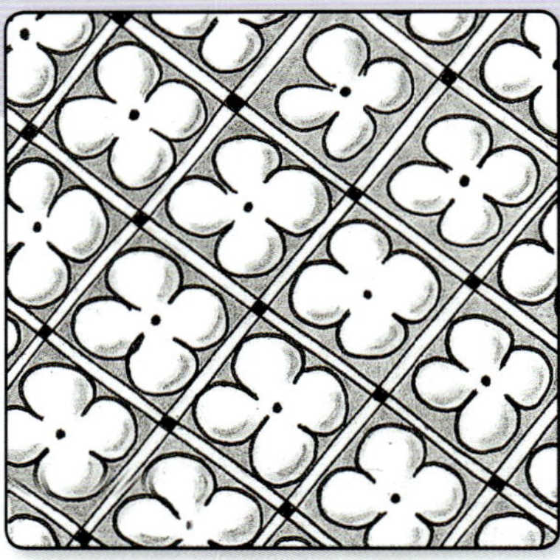

(Muster: Anya Lothrop, CZT)

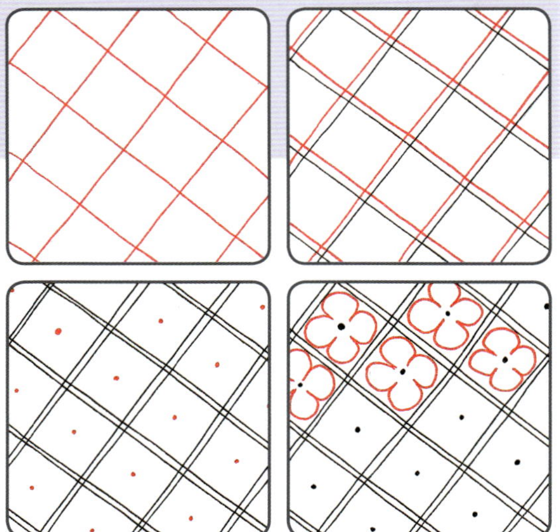

Naha **

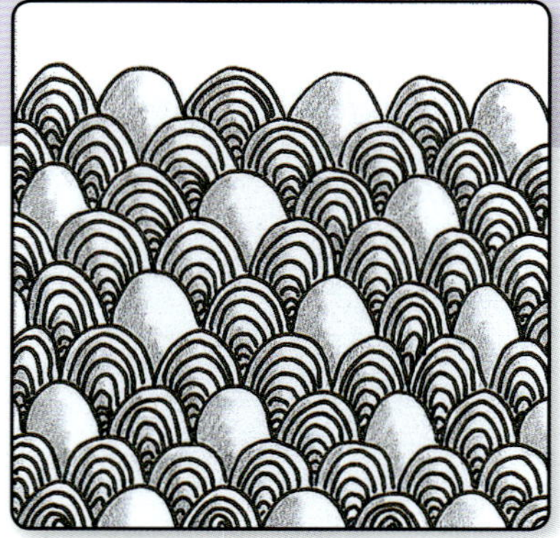

(Muster: Anya Lothrop, CZT)

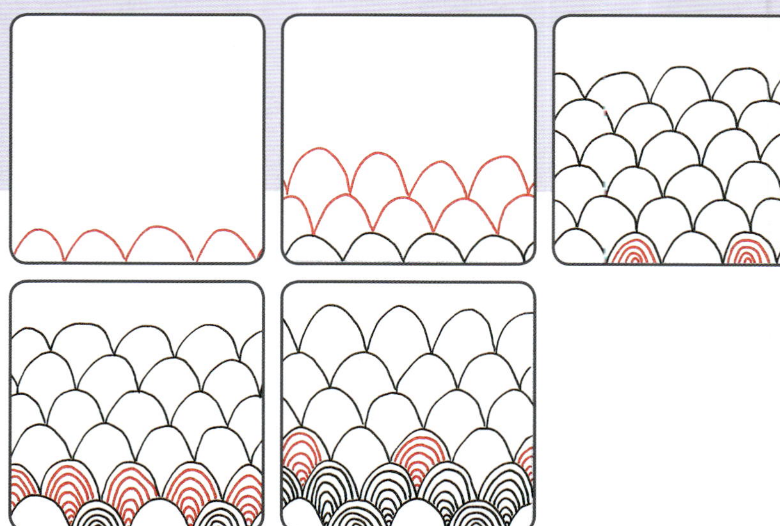

Nixie *

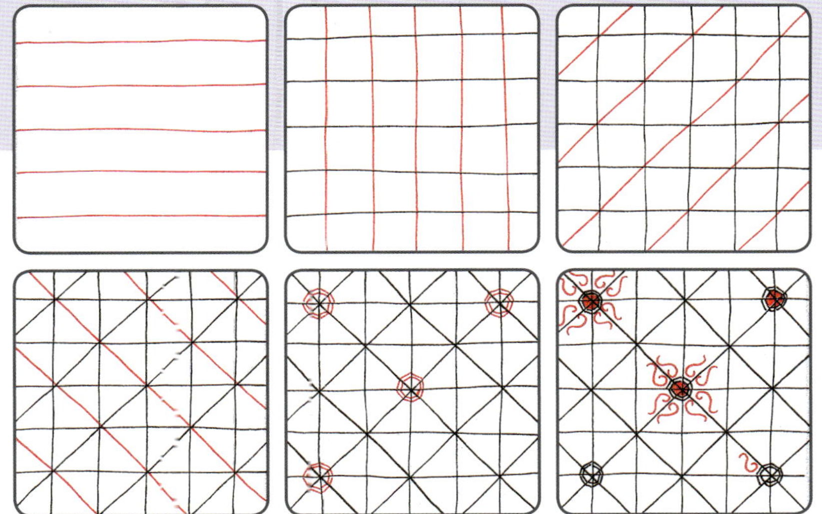

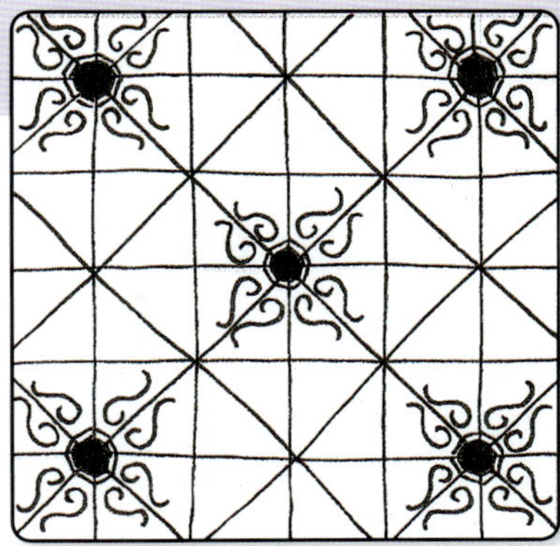

(Muster: Anya Lothrop, CZT)

Tipp: Beachten Sie, dass die diagonalen Linien immer nur durch jedes zweite Kästchen laufen und sich nur an schon vorhandenen Schnittpunkten kreuzen.

Nook *

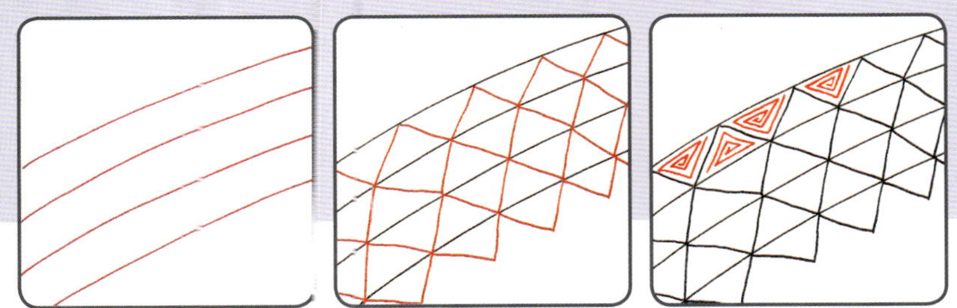

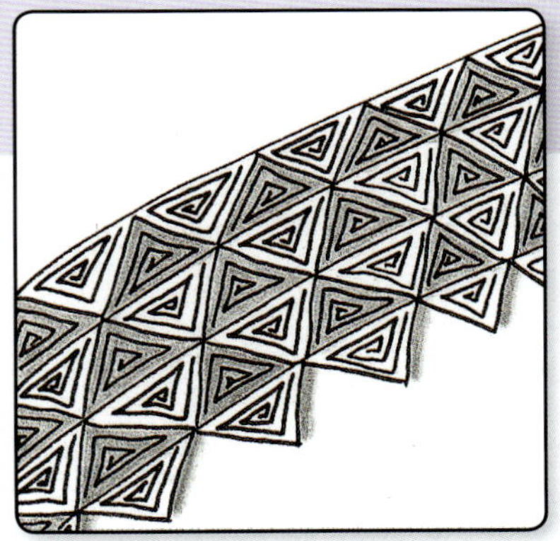

(Muster: Anya Lothrop, CZT)

Oolong **

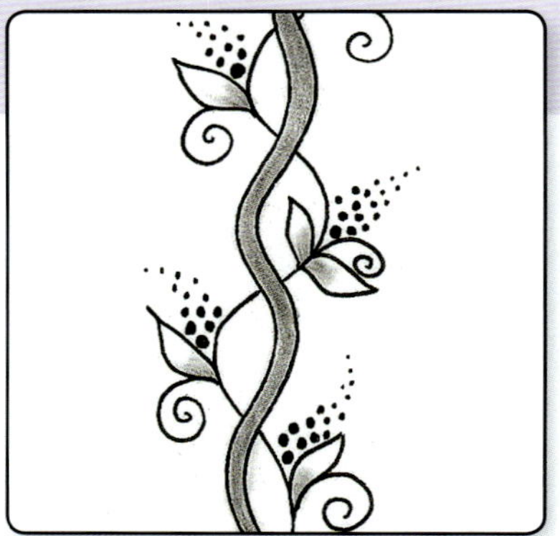

(Muster: Jennifer Hohensteiner, CZT)

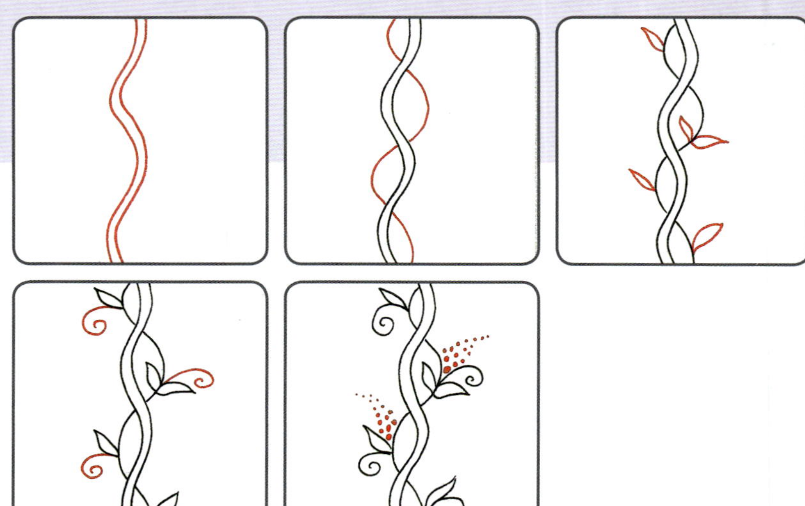

Pearly *

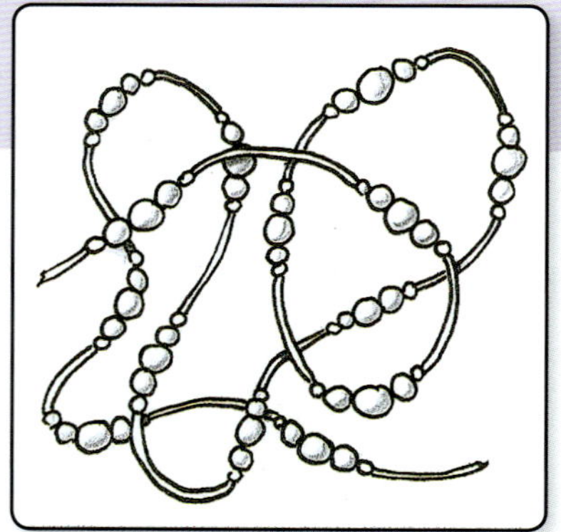

(Muster: Sandra Schubert)

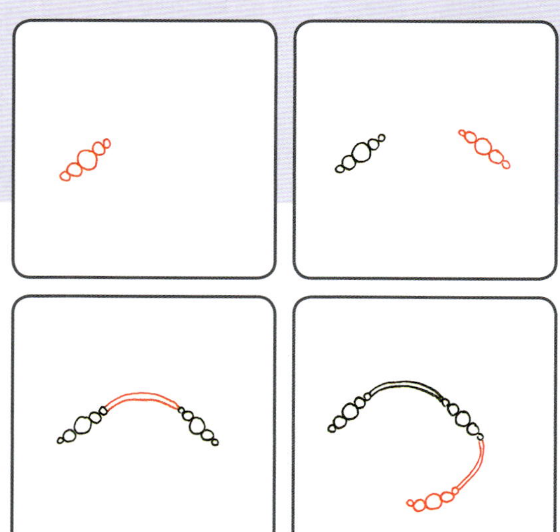

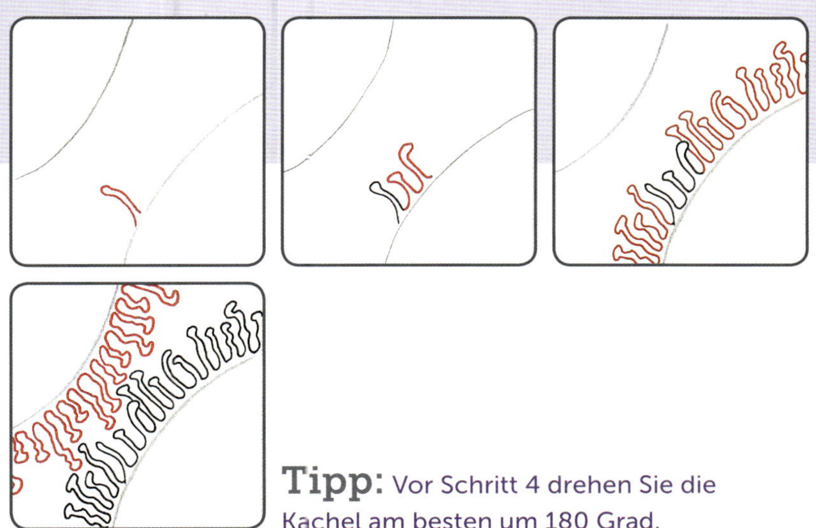

Tipp: Vor Schritt 4 drehen Sie die Kachel am besten um 180 Grad.

Quabog *

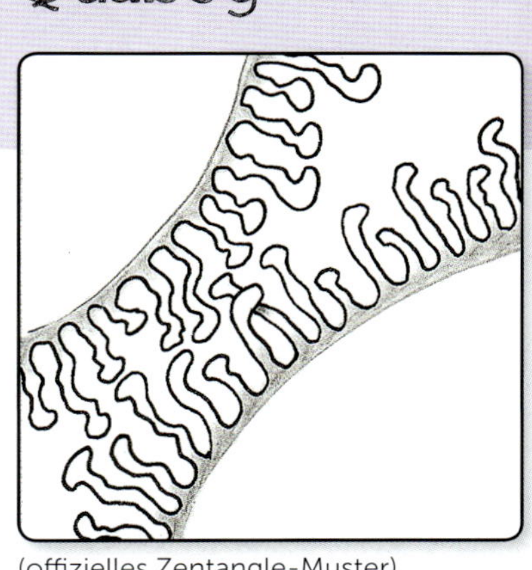

(offizielles Zentangle-Muster)

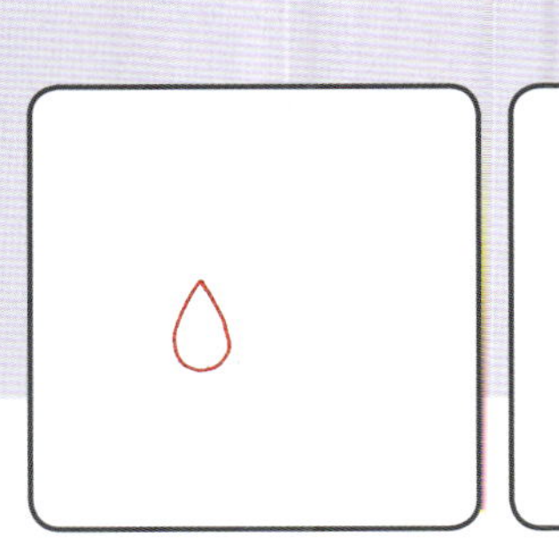

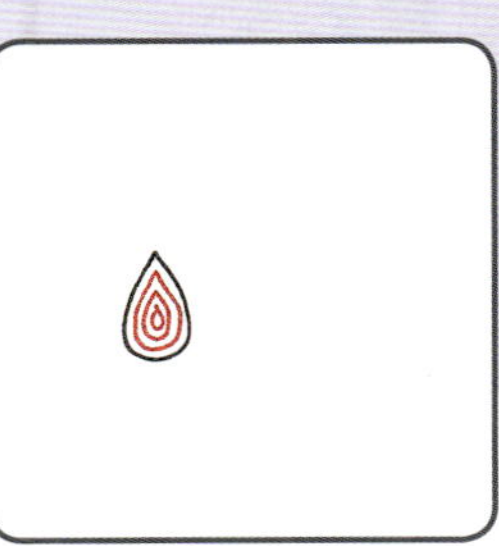

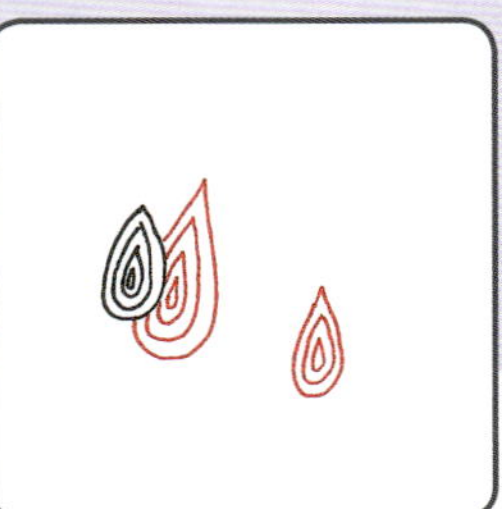

Rainz *

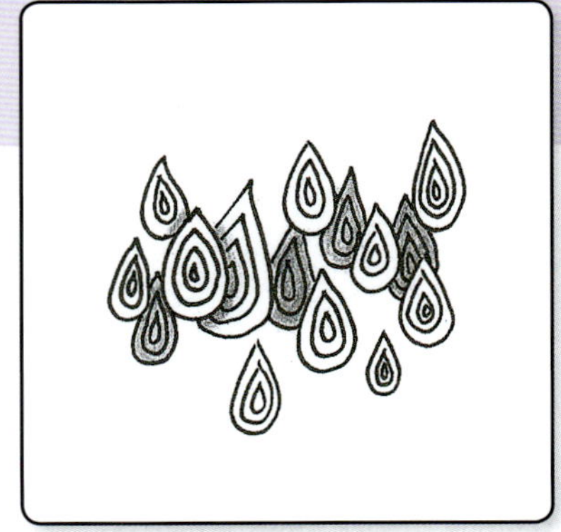

(Muster: Anya Lothrop, CZT)

Romanancy *

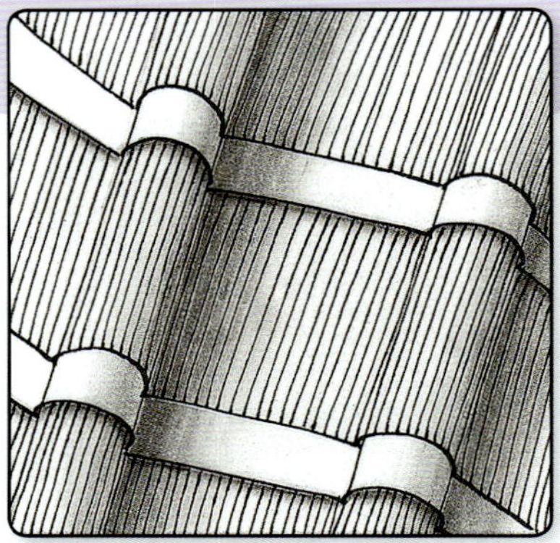

(offizielles Zentangle-Muster)

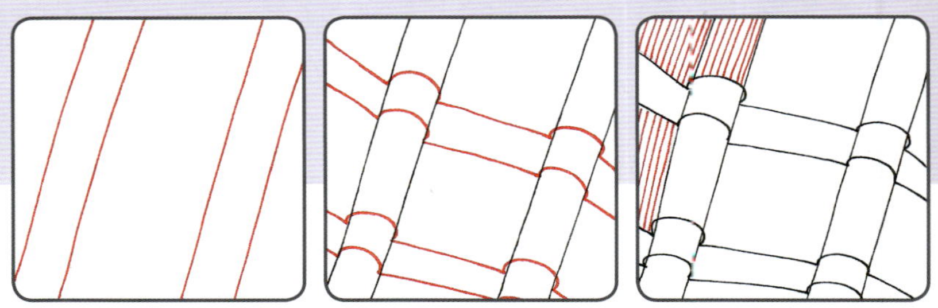

Shnek **

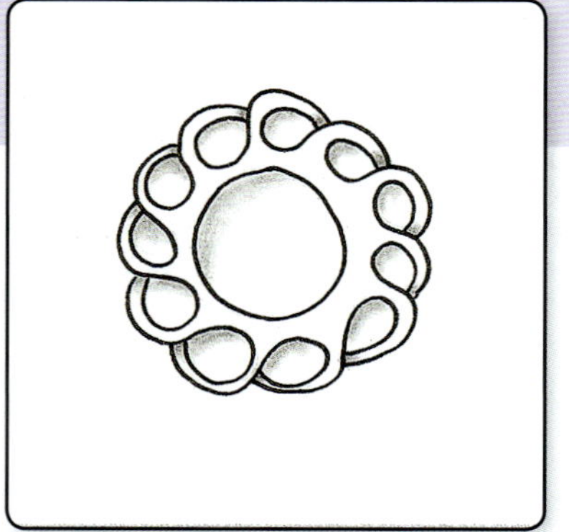

(Muster: Hanny Waldburger, CZT)

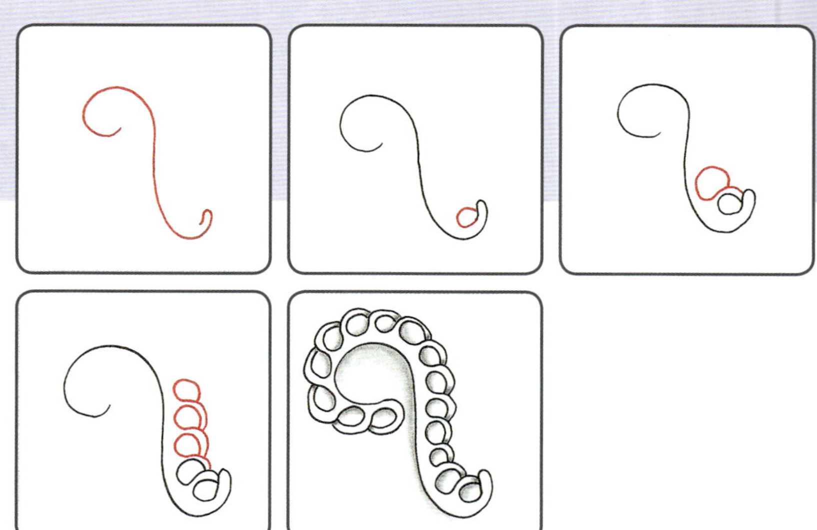

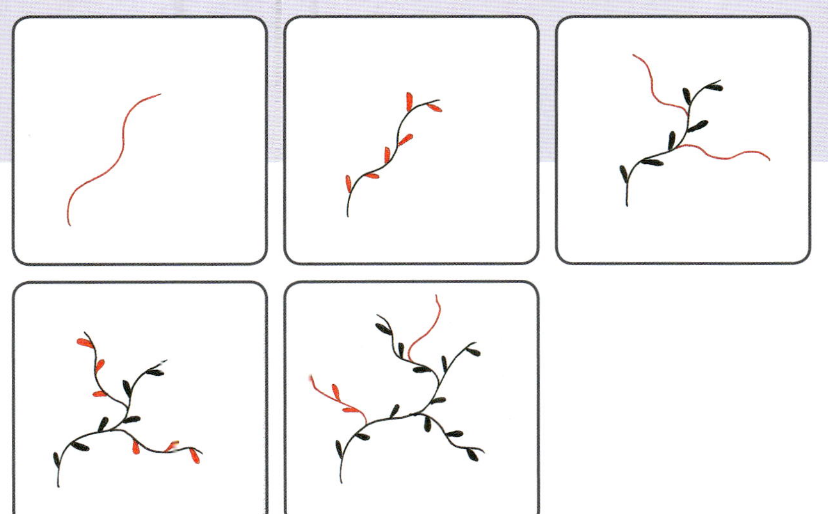

Shrub *

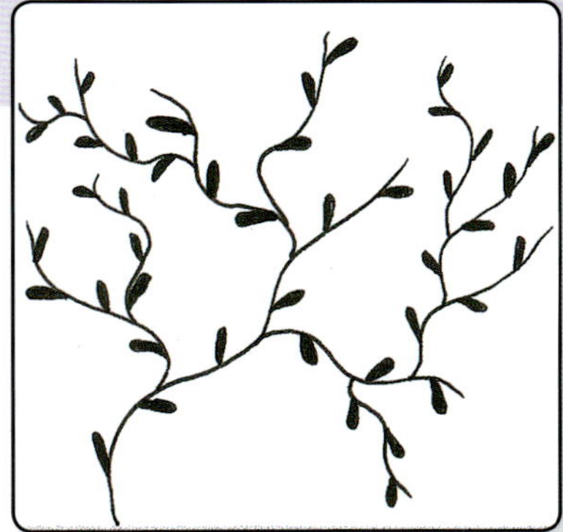

(Muster: Anya Lothrop, CZT)

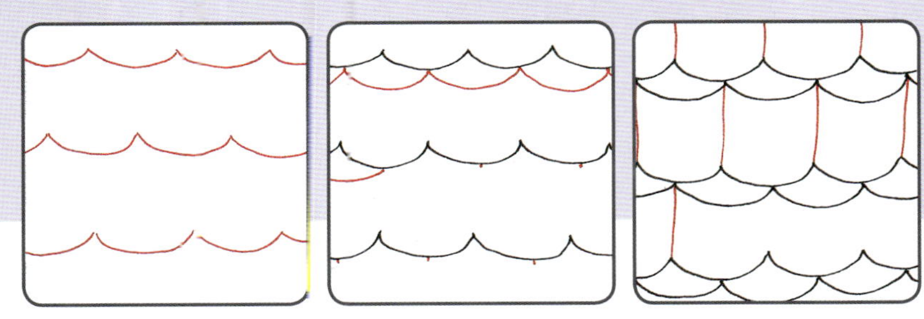

Solla Sollew **

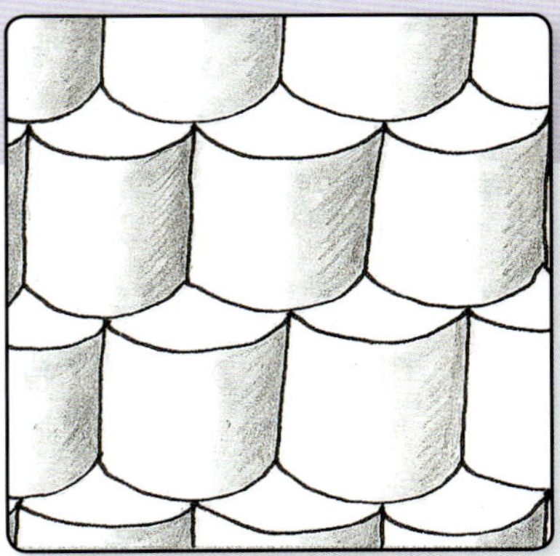

(Muster: Anya Lothrop, CZT)

Somerset **

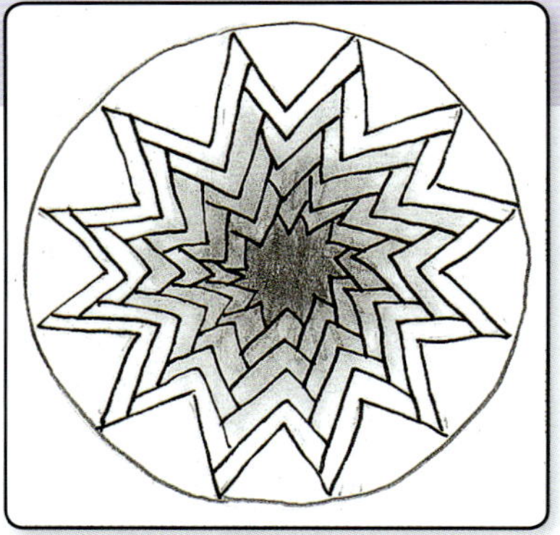

(Muster: Anya Lothrop, CZT)

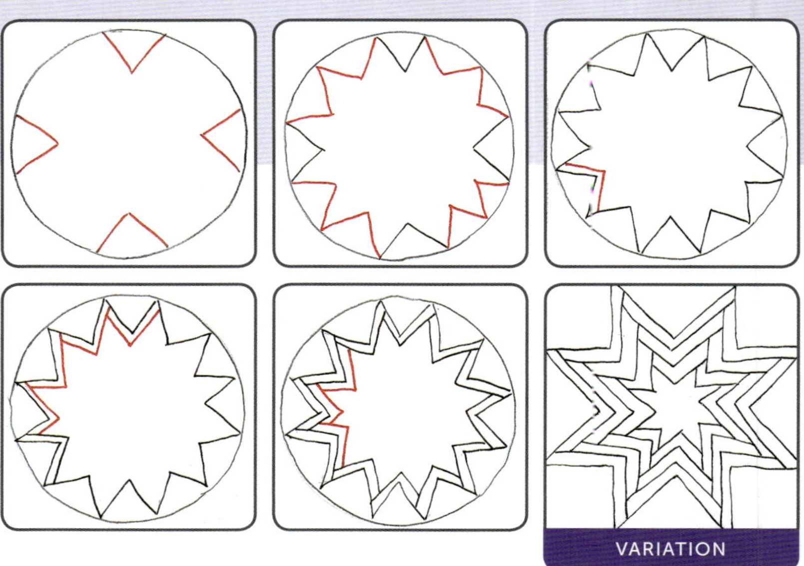

Star Flower Band *

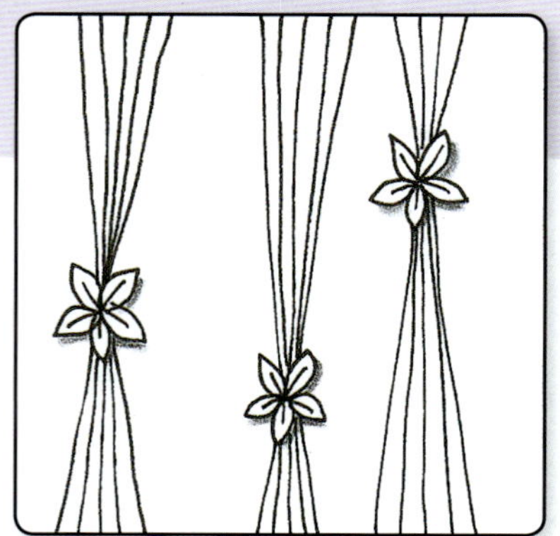

(Muster: Leah Day)

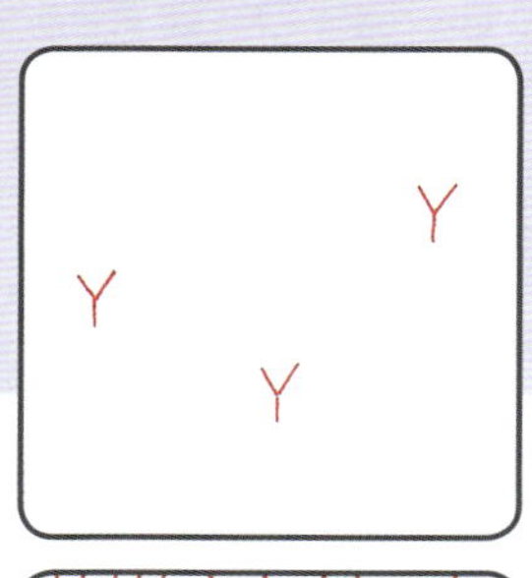

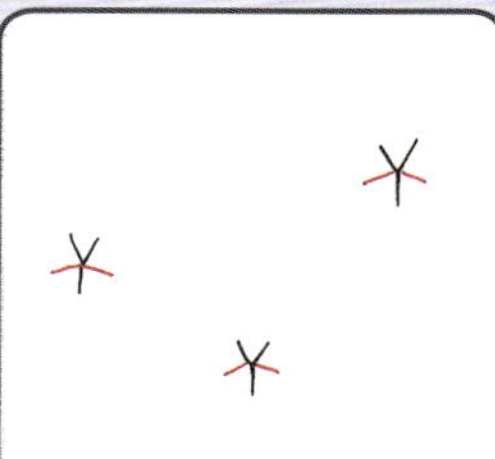

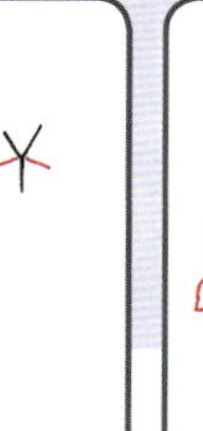

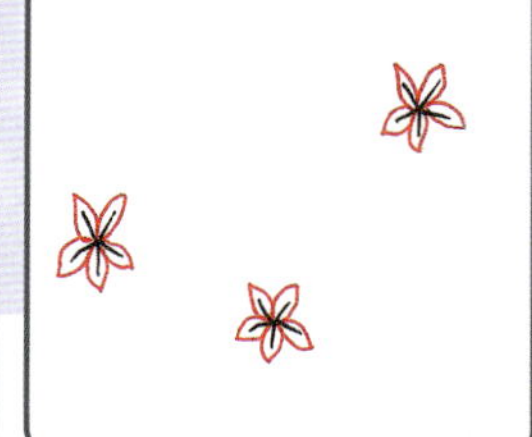

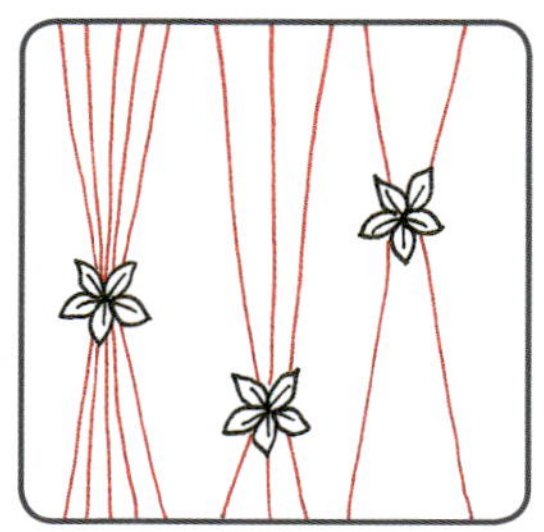

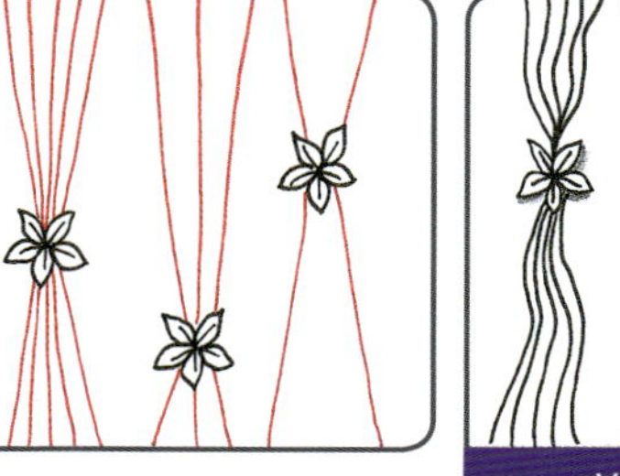

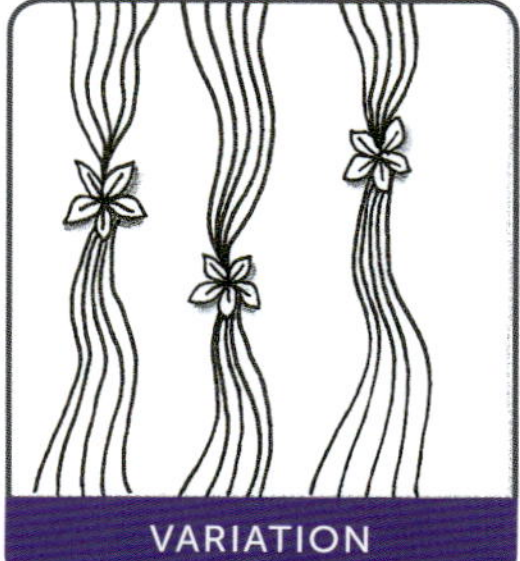

Anmerkung:
Leah Day ist eine bekannte amerikanische Quilterin und hat Star Flower Band für das Steppen mit der Nähmaschine entworfen. Hier sehen Sie meine Zentangle-Version dazu.

Stirling **

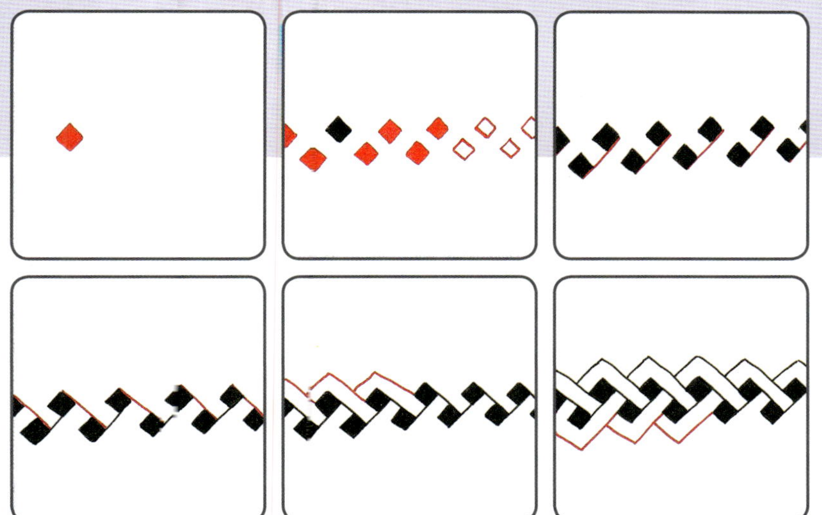

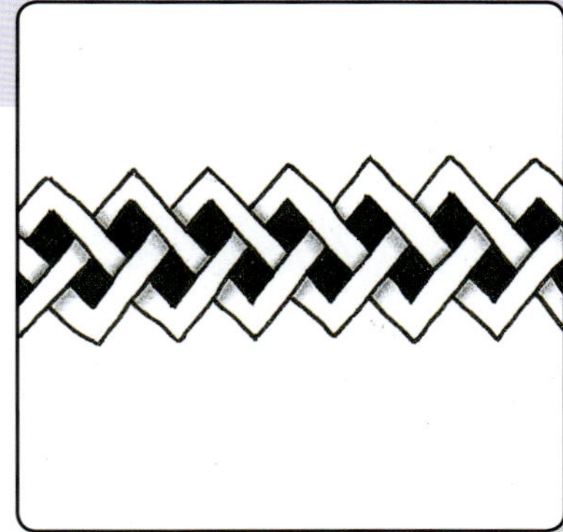

(Muster: Anya Lothrop, CZT)

Tipp: Bei Schritt 3 und 4 zeichnen Sie die Striche immer rechts von den Quadraten, bei Schritt 5 und 6 beginnen Sie von links.

Tootle **

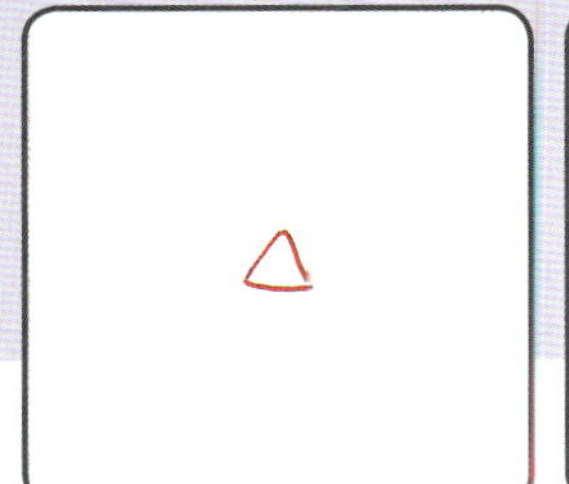

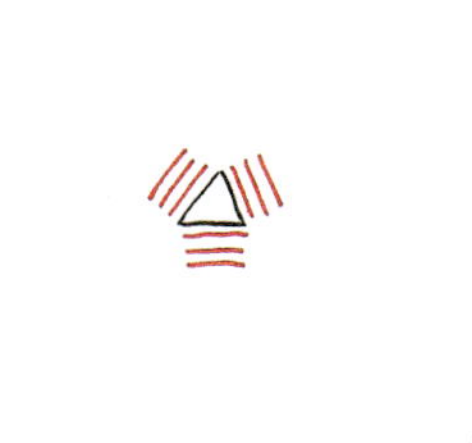

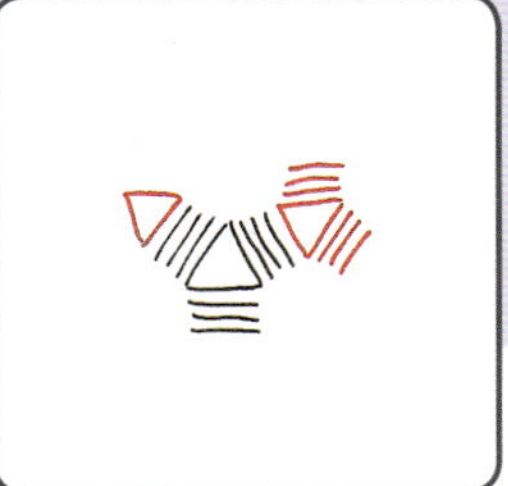

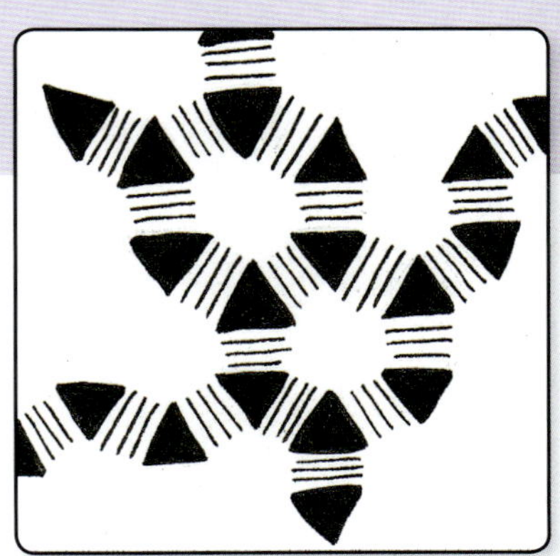

(Muster: Jennifer Hohensteiner, CZT)

Tootoo *

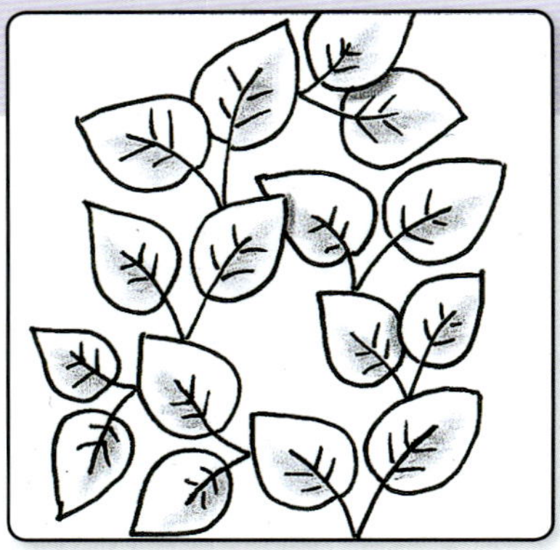

(Muster: Anya Lothrop, CZT)

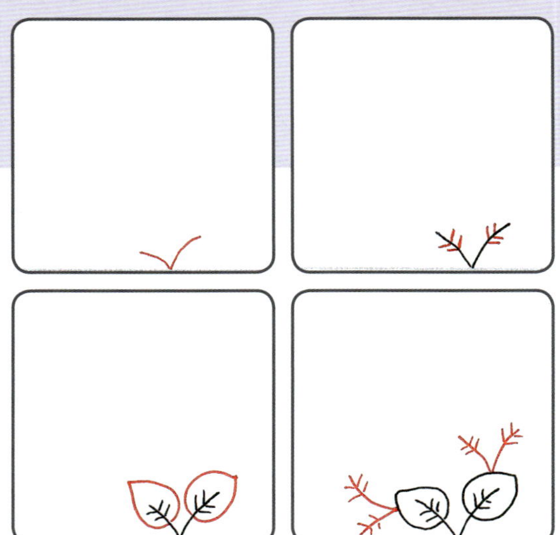

Tuttle *

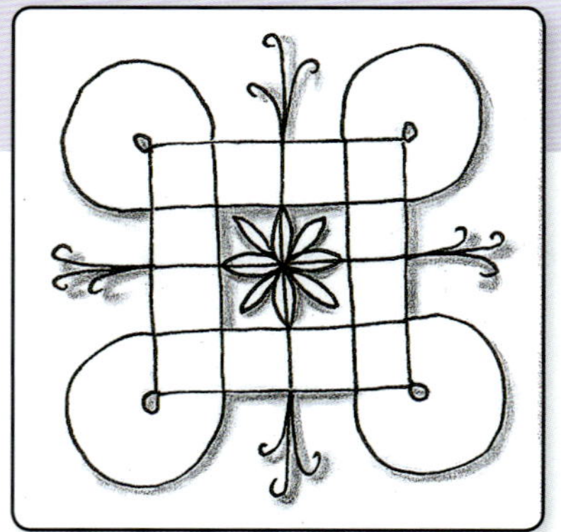

(Muster: Anya Lothrop, CZT)

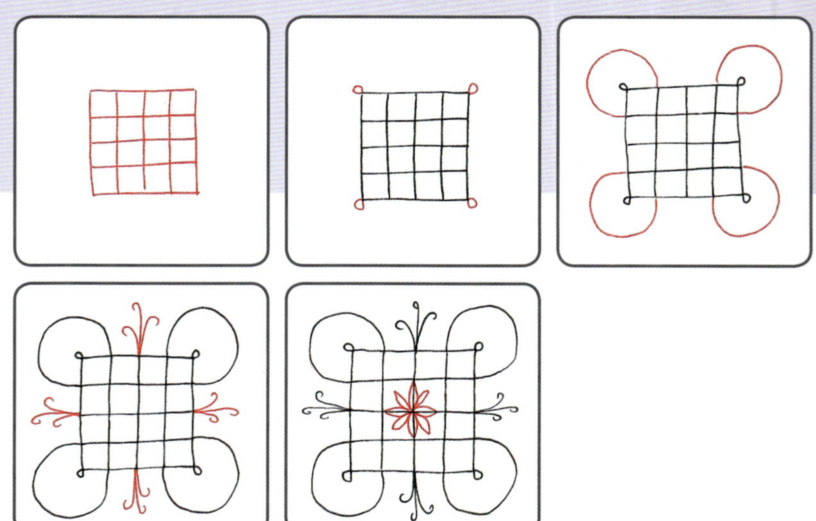

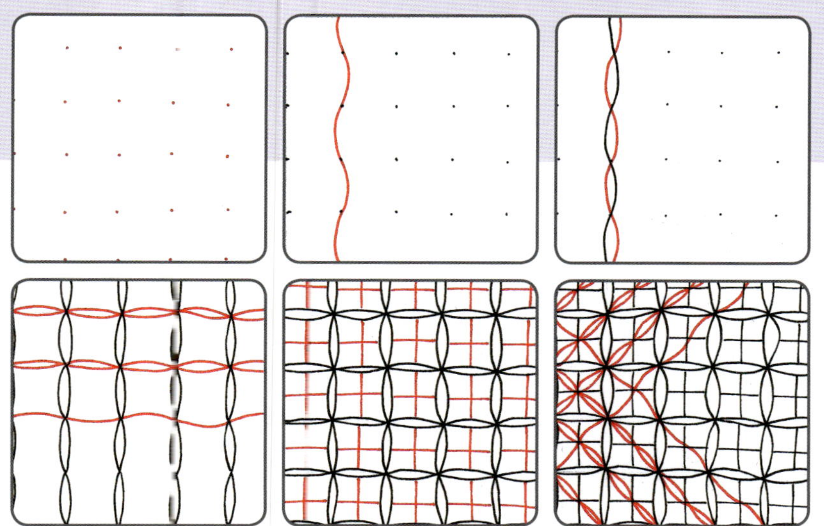

Uruma *

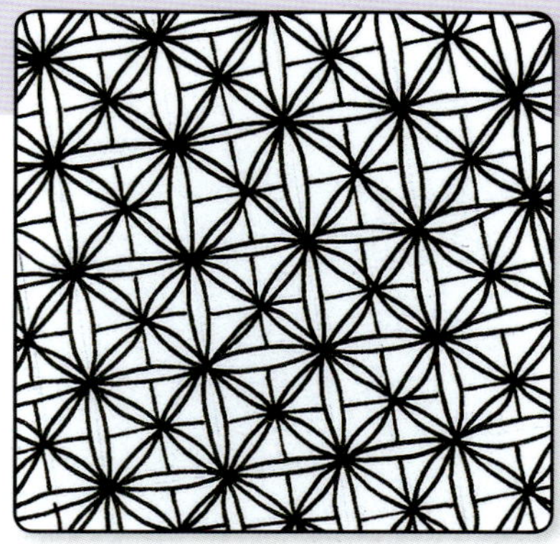

(Muster: Anya Lothrop, CZT)

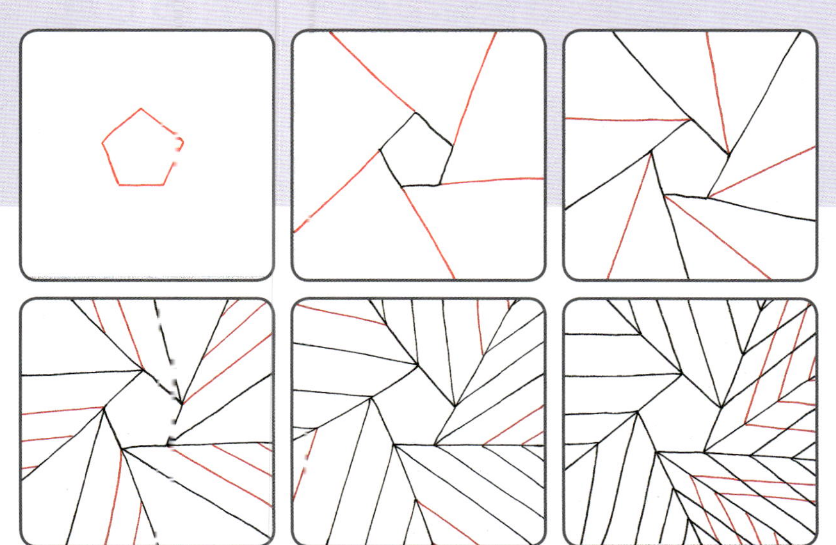

Voom **

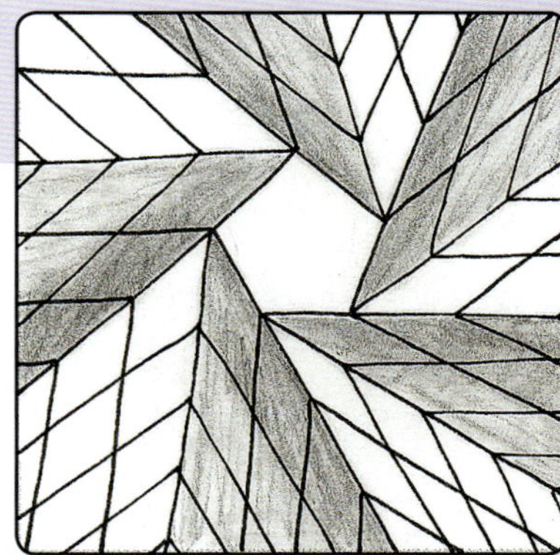

(Muster: Anya Lothrop, CZT)

Vovvell *

(Muster: Anya Lothrop, CZT)

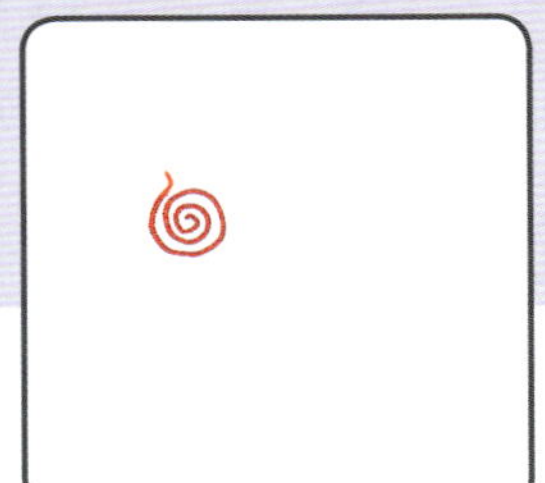

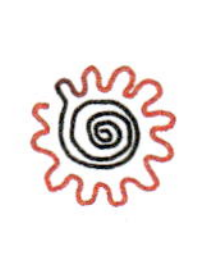

Wayzy **

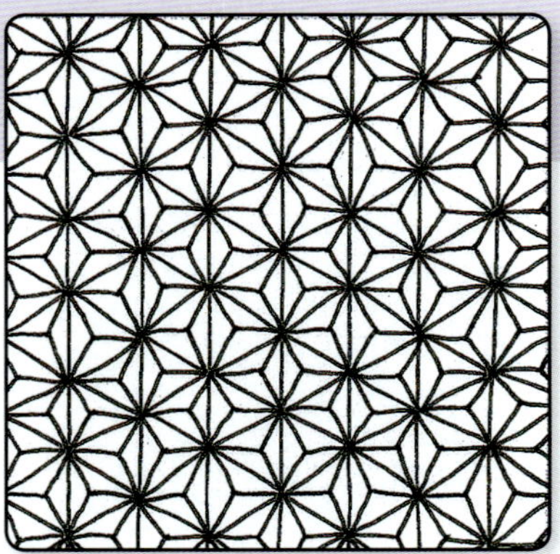

(Muster: Anya Lothrop, CZT)

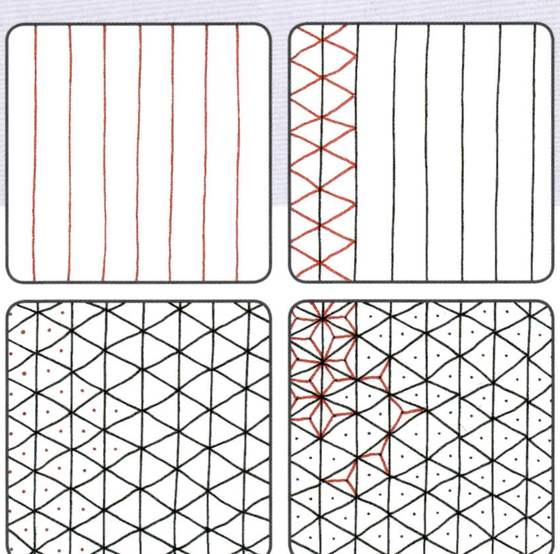

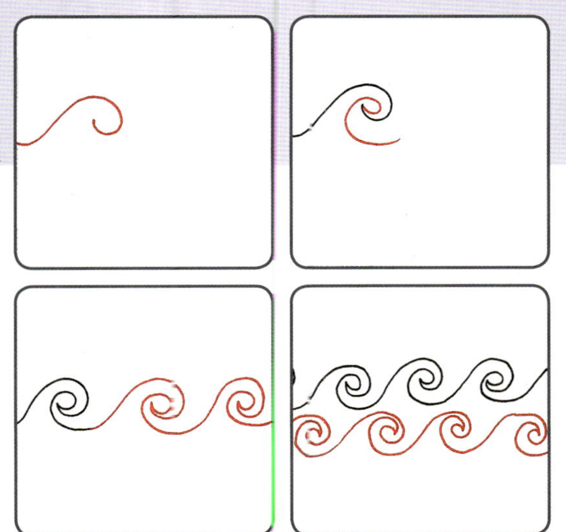

Wellig *

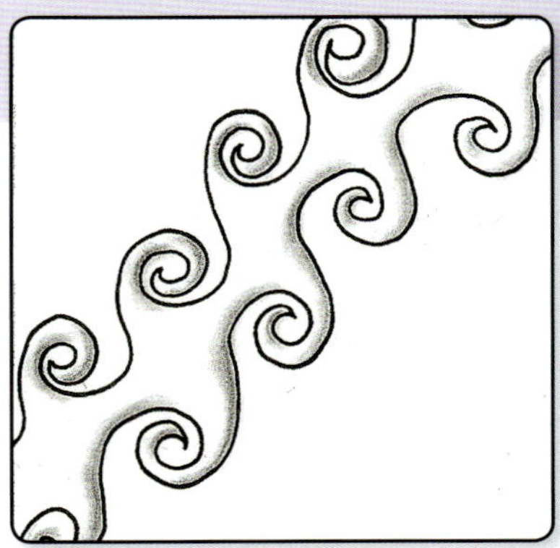

(Muster: Anya Lothrop, CZT)

Tipp: Drehen Sie die Kachel vor Schritt 4 um 180 Grad.

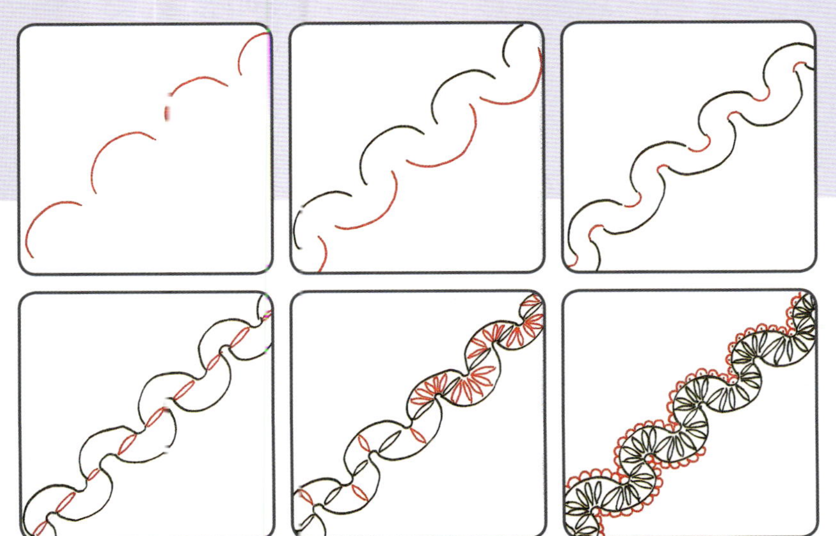

Wyrm *

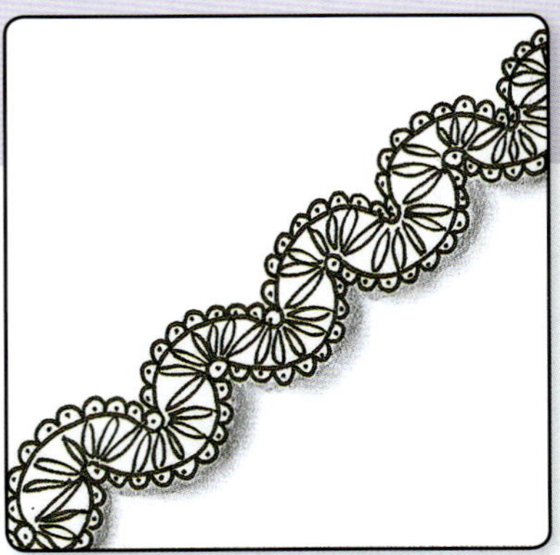

(Muster: Anya Lothrop, CZT)

Yuma **

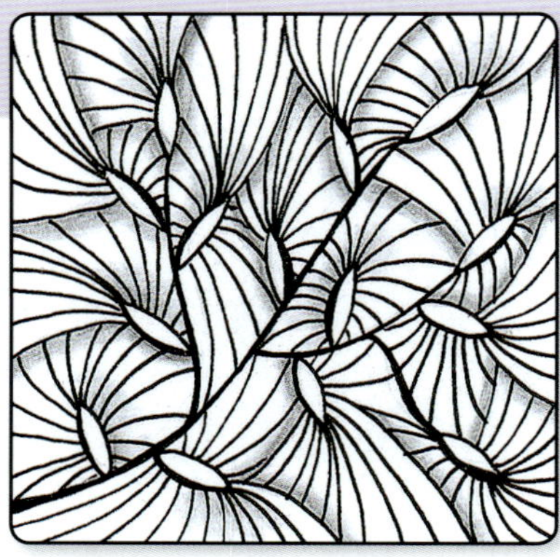

(Muster: Tina Hunziker, CZT)

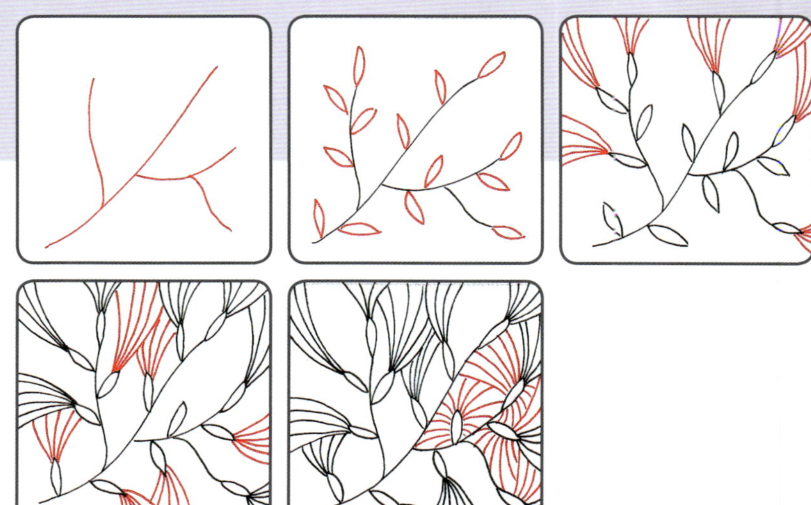

Zazzer *

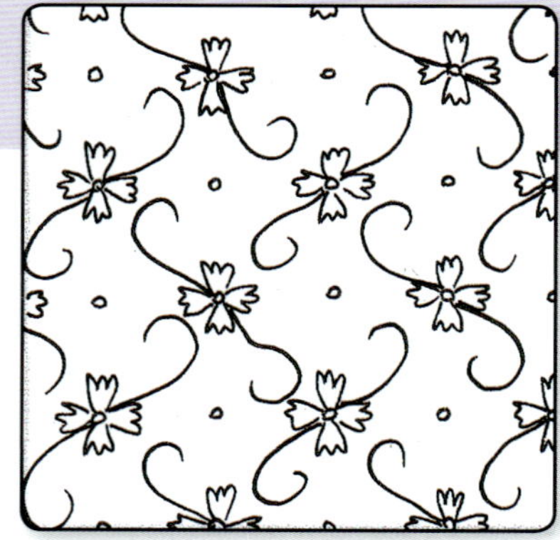

(Muster: Anya Lothrop, CZT)

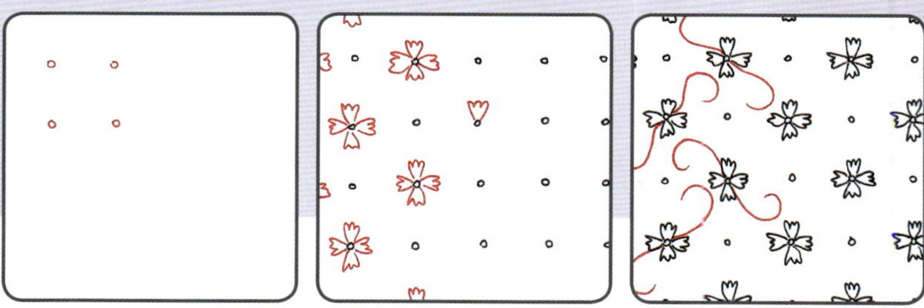

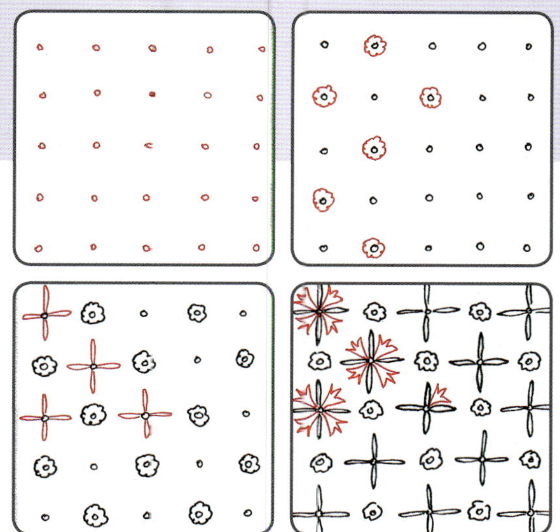

Zizzer *

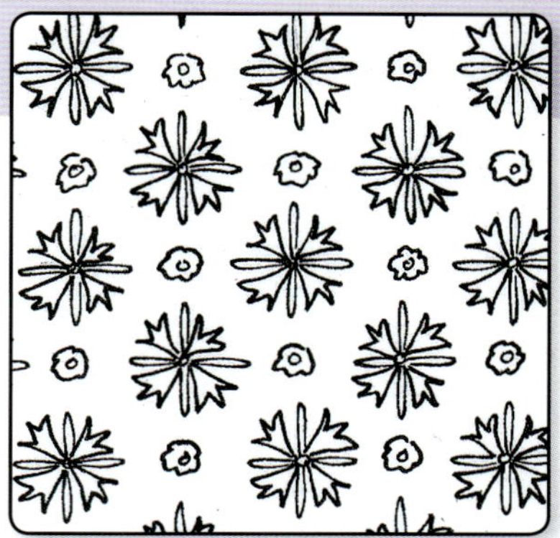

(Muster: Anya Lothrop, CZT)

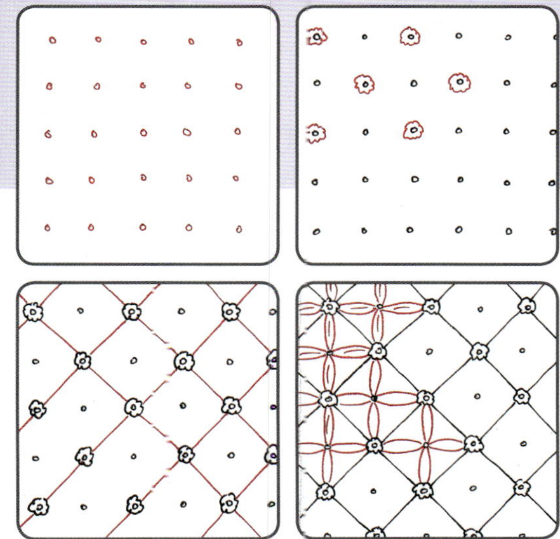

Zuzz *

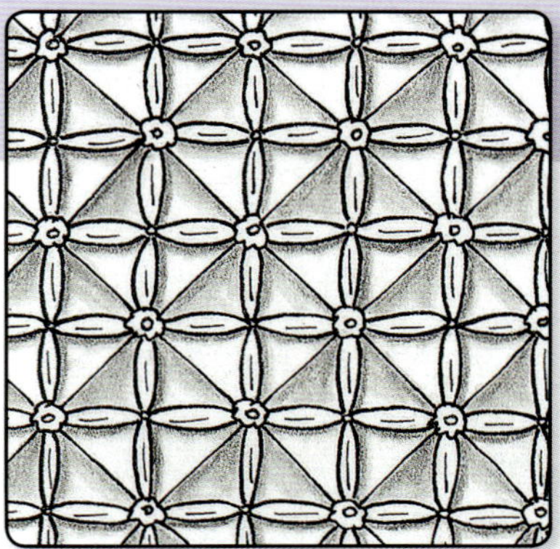

(Muster: Anya Lothrop, CZT)

Übersicht der Zentangle-Muster

Übersicht der Zendalas in Schwarz-Weiß

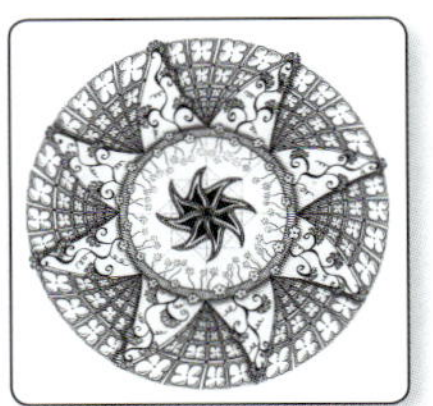
Glücksrad
Seite 26

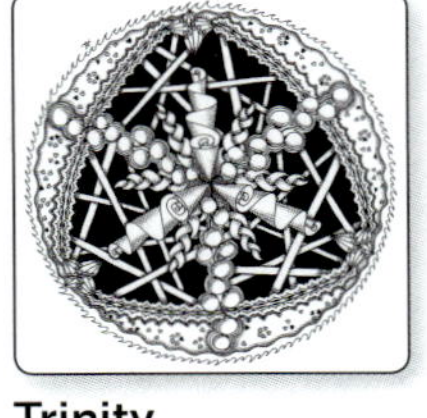
Trinity
Seite 28

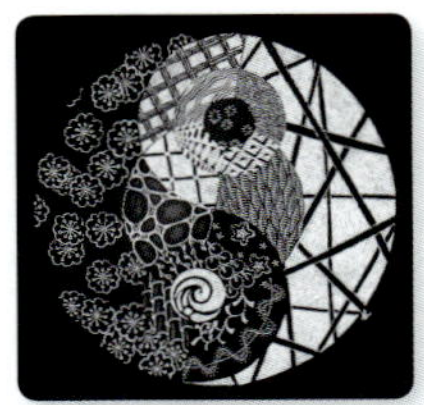
Yin und Yang
Seite 30

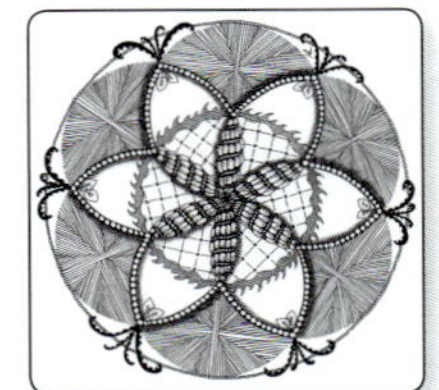
Blume des Lebens
Seite 32

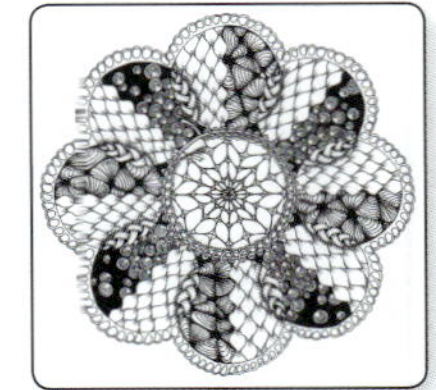
Unity
Seite 34

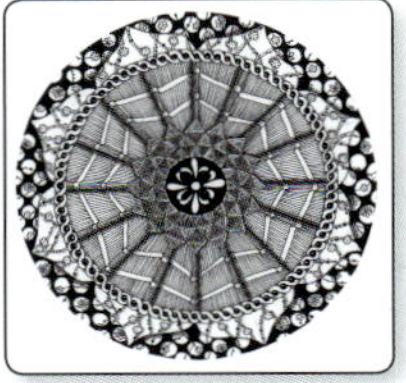
Sonnenfeuer
Seite 36

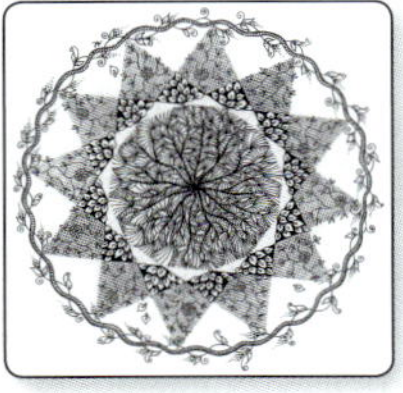
Nordstern
Seite 38

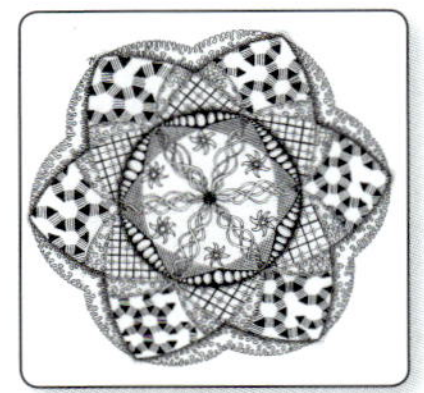
Seerose
Seite 40

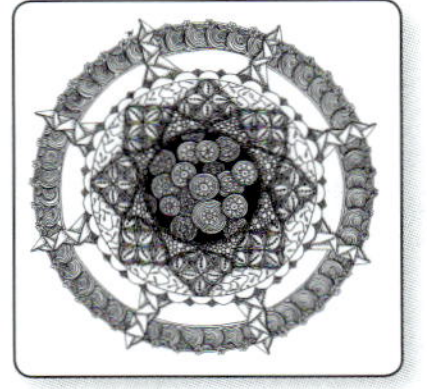
Oktona
Seite 42

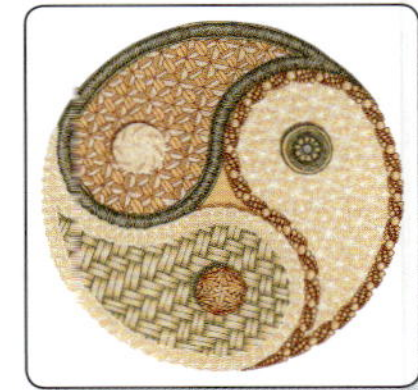
Rad der Freude
Seite 44

Übersicht der Zendalas in Farbe

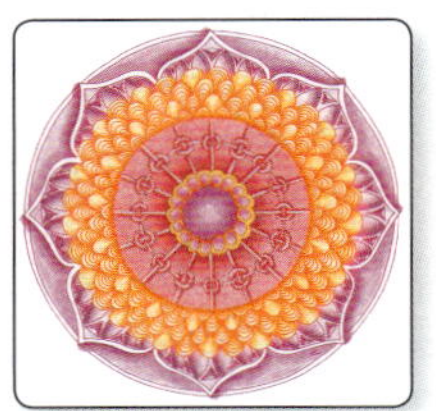
Geborgenheit
Seite 55 |
Technik: Buntstift

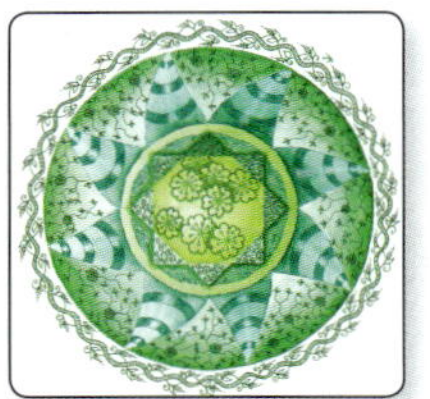
Tranquility
Seite 56 | Technik:
Pinsel-Filzstift
(indirekter Farbauftrag)

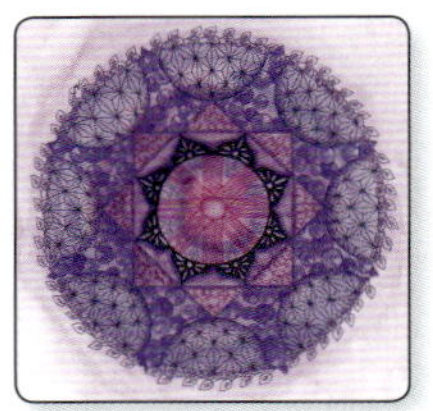
Aura
Seite 57 | Technik:
Aquarellfarbe, Buntstift

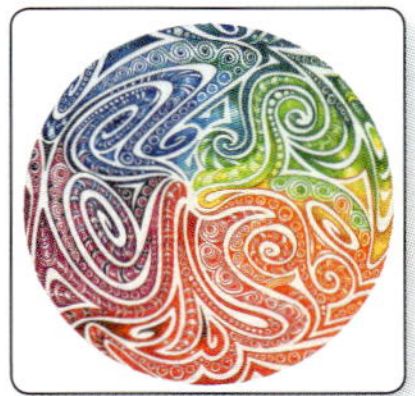
Rainbow TaMoko
Seite 58 | Technik:
Buntstift; Tangle-
Verzierung: Streifen

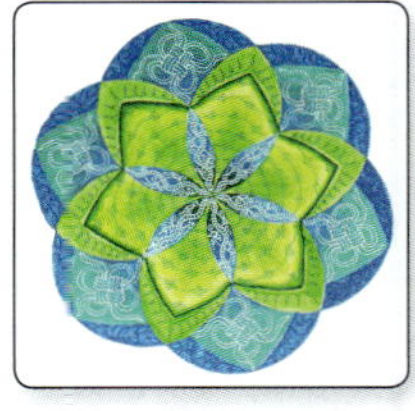
Stiller Ozean
Seite 59 | Technik:
Pinsel-Filzstift
(direkter Farbauftrag)

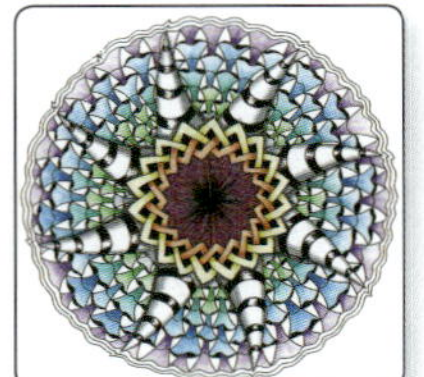
Rainbow Mushrooms
Seite 60 | Technik:
Gelstift; Tangle-
Verzierung: Aura

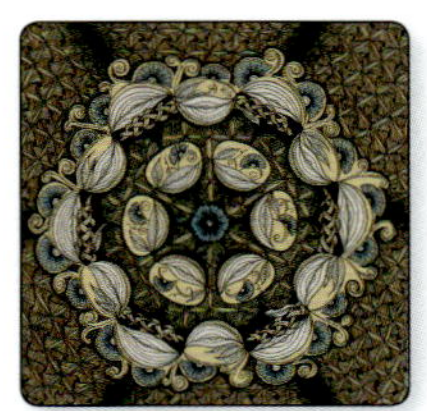
Happy
Seite 61 | Technik:
Tuschestift, Buntstift,
Gelstift

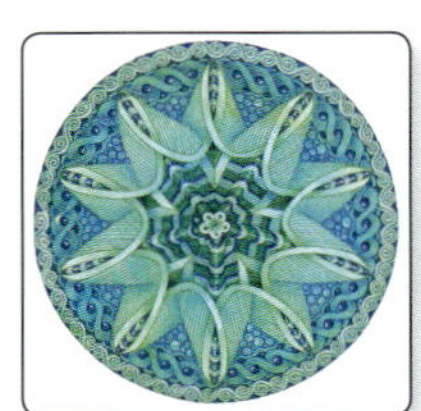
Seastar
Seite 62 | Technik:
stark verdünnte Acryl-
farbe, Buntstift; Tangle-
Verzierung: Streifen

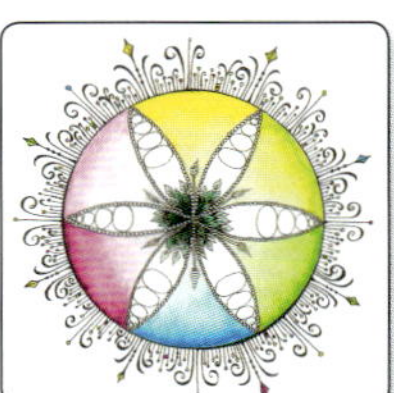
Dangle Dream
Seite 63 | Technik:
Pinsel-Filzstift (indirekter
Farbauftrag); Tangle-
Verzierung: Perlen

Heute schon entspannt?

Mit Zentangle den Alltag kreativ neu entdecken

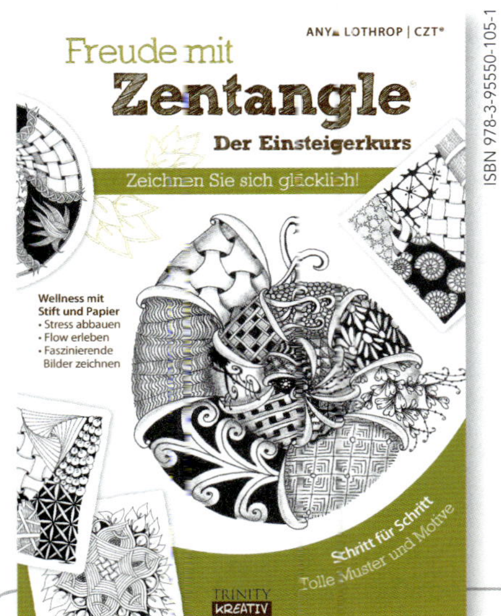

ISBN 978-3-95550-105-1

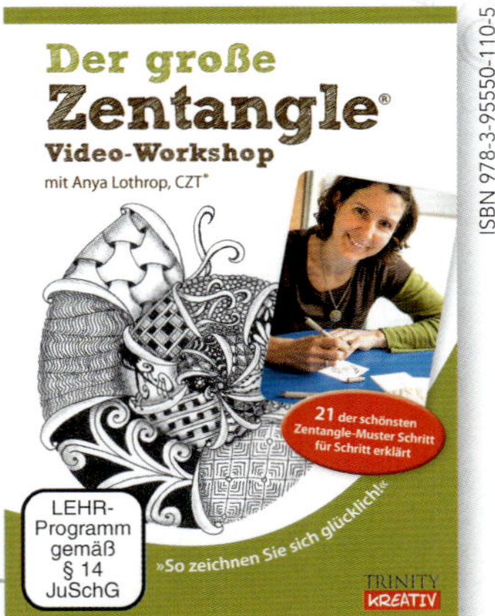

ISBN 978-3-95550-110-5

Noch mehr Zentangle-Ideen von unserer Bestsellerautorin Anya Lothrop

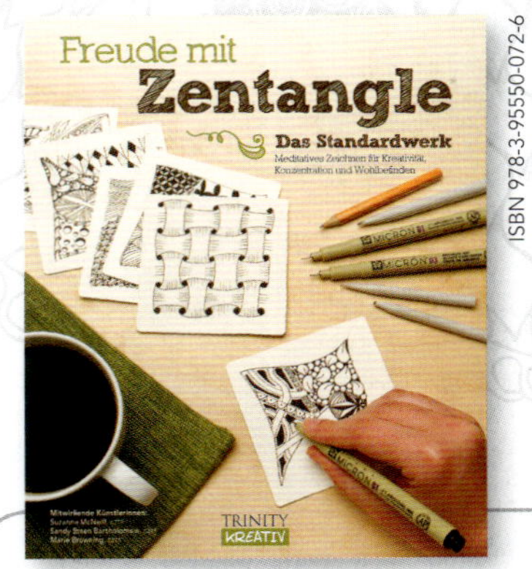

ISBN 978-3-95550-072-6

Das Standardwerk für alle begeisterten Tangler

Suzanne McNeill
Sandy Steen Bartholomew
Marie Browning

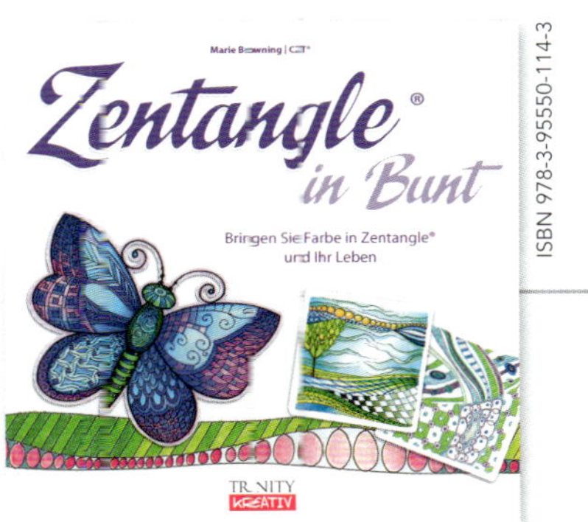

ISBN 978-3-95550-114-3

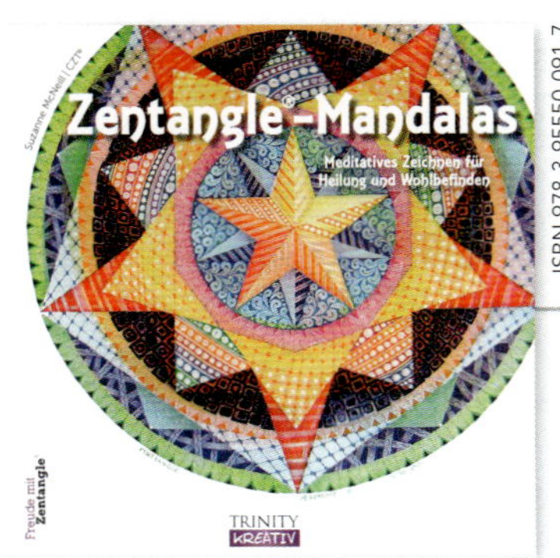

ISBN 978-3-95550-091-7

Themenbücher für unbegrenzten Tangle-Spaß

Suzanne McNeill
Sandy Steen Bartholomew

Alles rund um Zentangle auf www.freudemitzentangle.de

www.trinity-kreativ.de

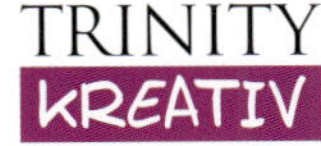

Weitere Künstlerinnen:

Annette Plaga-Lodde
www.lonetta13.blogspot.de

Margaret Bremner, CZT®
www.enthusiasticartist.blogspot.com

Weitere Musterautorinnen:

Leah Day
www.leahday.com
www.freemotionproject.com

Tina-Akua Hunziker, CZT®
www.akua-art.ch

Sandra Schubert
sandrastangles.blogspot.de

Jennifer Hohensteiner, CZT®
hohensteiner@t-online.de

Hanny Waldburger, CZT®
www.zenjoy.ch

Über Zentangle®
Der Begriff »Zentangle®« ist, u. a. in den USA, der EU und der Schweiz, eine eingetragene Marke von Rick Roberts und Maria Thomas. Zentangle®, das Logo mit dem roten Quadrat, die Formulierungen »Anything is possible, one stroke at a time«™, (dt.: »Alles ist möglich, ein Strich nach dem anderen«) »Zentangle Apprentice«, Zentomology« und »Certified Zentangle Teacher (CZT®)« sind in Teilen der Welt eingetragene Marken von Rick Roberts und Maria Thomas und/oder der Firma Zentangle Inc.
Wer Zentangle®-inspirierte Werke zu Veröffentlichungszwecken oder zum Verkauf gestaltet oder darüber schreibt oder bloggt, sollte die Hinweise auf der offiziellen Internetseite www.zentangle.com beachten. Wertvolle Tipps, eine Liste zertifizierter Zentangle-Trainer (Certified Zentangle Teacher, CZT®), Kursangebote, eine Galerie sowie Bezugsquellen für Materialien finden Sie im Internet unter www.zentangle.com. Zentangle® ist eine Methode, Bilder aus strukturierten Mustern zu gestalten. Das macht Spaß und entspannt. Nahezu jeder kann mithilfe dieser Technik kunstvolle Werke schaffen. Die Zentangle®-Methode fördert Konzentration und Kreativität, schafft künstlerische Erfüllung, steigert das Gefühl persönlichen Wohlbefindens und wird weltweit von Menschen verschiedenster Fähigkeiten, Interessen und Altersgruppen geschätzt.

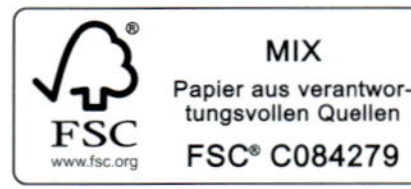

Gesamtgestaltung: Veronika Preisler, München
Lektorat: Mareike Ahlborn, Essen
Bildnachweis: sämtliche Motive: © Anya Lothrop, CZT®, mit Ausnahme von S. 58, S. 62: Margaret Bremner, CZT®; S. 11, S. 12, S. 13, S. 18|links, S. 49|unten, S. 51|unten: Lisa Freudenberg; S. 7|links: NatiSythen/Wikimedia Commons/Some rights reserved; S. 61: Annette Plaga-Lodde
Musternachweis: sämtliche Muster im Innenteil und auf dem Umschlag: © Anya Lothrop, CZT®, mit Ausnahme von S. 84|unten: Leah Day; S. 5 und 63|Dangle-Designs: Joanne Fink, CZT®; S. 80|oben, S. 85|unten: Jennifer Hohensteiner, CZT®; S. 74|oben, S. 90|oben: Tina Hunziker, CZT®; S. 65, S. 73|unten, S. 75|oben, S. 81|oben, S. 82|oben: offizielles Zentangle-Muster; S. 80 |unten: Sandra Schubert; S. 82|unten: Hanny Waldburger, CZT®
Druck und Bindung: Print Consult, München
ISBN 978-3-95550-145-7

www.trinity-kreativ.de
www.freudemitzentangle.de